AF274360

Chamanes, a escena

Teatro

Silvana

Mercedes Lozano López

ALBACETE 2026

Título: *Silvana*
1ª edición, mayo de 2025
2ª edición, octubre de 2025
3ª edición, enero de 2026

Dirección: Anaís Toboso & Pedro Gascón

© de la obra Mercedes Lozano López
© de la imagen de cubierta Cecilia Jiménez Ferres
© de la fotografía de la autora y del interior Herminia Ramírez Ruipérez
© de la fotografía de la página 60 herederos de Luis Escobar López;
título: *Prostitutas del Alto de la Villa* (*Albacete*)
© de la edición Chamán Ediciones

Diseño: Chamán Ediciones
www.chamanediciones.es
Maquetación: Fernando Ordóñez
www.estudiocreatia.com
Impresión: Estilo Estugraf Impresores S.L.
www.estugraf.com

ISBN: 979-13-990098-6-6
D.L.: AB 344-2025
THEMA: DDC

Impreso en España

Índice

Prólogo dramatizado

TODO comenzó con un microteatro, una pequeñísima obra, tan sumamente breve que era casi irrepresentable. Mercedes la envió a la *Muestra de Autores de Albacete* que convocamos anualmente en EA! Teatro, puede que fuese el año 2018.

(*Se levanta el telón*).

Acto I

No tires mis cenizas al mar

> (*En escena aparece una mesa repleta de documentos, lápices, una maleta que sirve de guiñol y un molde para hacer cabezas de títeres. Cuatro personas leen atentamente los folios que tienen entre las manos*).

PERSONAJE 1: (*Lee con curiosidad*). No tires mis cenizas al mar... Buen título, ¿no?

PERSONAJE 2: Al menos sugerente, ya veremos.

PERSONAJE 1: Parece un poco corto. ¿Lo leo?

PERSONAJE 2: ¡No acabamos hoy, no acabamos... pero venga, léelo!

PERSONAJE 1: «(*La habitación en penumbra, una tenue luz, apenas un ápice de sol entra por una rendija de la ventana. Él acostado, con los ojos abiertos, la mirada perdida en alguna imagen que solo existe en su mente. De repente, se abre la puerta y la madre aparece en escena. El pelo recogido, el gesto inquieto, las manos apretadas...*)

MATILDE: *¡Hijo despierta, es importante!*

JAVIER: *Por favor, madre, me acosté tarde.*

MATILDE: *Escúchame, Javier, es importante.*

JAVIER: *Madre, son las siete de la mañana.*

MATILDE: (*Contundente*). *Tengo que decirte algo muy importante.*»

PERSONAJE 2: Va al grano directamente, sigue, sigue.

PERSONAJE 1: «*JAVIER: Bien. (Se incorpora). Espere, dígame.*

MATILDE: (*Respirando hondo*). *No tires mis cenizas al mar.*

JAVIER: (*Con gesto contrariado*). *Madre, qué está diciendo. Cenizas, ¿qué cenizas?*

MATILDE: *Acabo de verlo en la tele. Ella ha muerto. ¡María Callas ha muerto! (Con lágrimas en los ojos). Ella que tuvo al mundo gritando su nombre no ha podido con la pena. El amor la ha consumido por dentro como la hiedra que se pega a un árbol débil. Le ha agarrado el alma y la ha vuelto negra como el hollín, se ha convertido en polvo seco, con solo un soplo se ha desvanecido. Después la han tirado al mar. (Incrédula). Qué manera de poner el punto y final a una actuación estelar. Devorada por el agua. Éxito y espuma, cenizas y olas, una voz de arena que se escapa entre los dedos. (Hace una pausa, Javier la mira esperando el desenlace). Ahora dicen que tuvo un hijo, que murió al nacer y Onassis no soportó su pérdida. No aguantó volver a su lado porque veía al bebé muerto y las entrañas estériles que cobijaron su esperanza. Todos hablan de su pasado, de su relación, de la infidelidad, de que ahora él es feliz con otra… ¡escucha!*

(Se oye un murmullo de televisión al fondo… Se sienta al lado de Javier en la cama).»

PERSONAJE 2: Este párrafo es muy largo, habría que fragmentarlo y que el hijo interviniese. La gente desconecta si no hay dinamismo. Muy poético, sí, pero que no mantiene la atención del espectador. Que el teatro es diálogo: ¡*pim, pam, pim, pam…!*

PERSONAJE 1: (*Silenciando con la mirada*). ¿Sigo? (*Personaje 2, hace como que se cierra la boca con una cremallera*). Retomo para que no se nos vaya el hilo.

«¡No guardes para mí ese castigo! No me hagas arder en vida en las bocas de la gente, ser ceniza debajo de la higuera. No te cases con ella.

JAVIER: (Cogiéndole las manos). Madre, las lenguas son indomables pero la dignidad nos pertenece y podemos hacerla grande y fuerte, capaz de resistir el látigo de las habladurías…

> *(Matilde retira las manos y se incorpora súbitamente).*

MATILDE: No quiero que te cases con ella. (Grita). ¡Su madre era una puta! ¡Me oyes! ¡Una puta!».

PERSONAJE 2: Vaya giro de guion, a ver cómo acaba esto.

> *(Personaje 1 lo mira con resignación y sigue leyendo).*

PERSONAJE 1:

«JAVIER: (Con enfado). Su madre era una puta porque tenía que dar de comer a seis hijos, seis criaturas que no le llegaban a la cintura, privados de un padre. Su madre era una puta porque tenía que llevar todos los días a su casa seis trozos de pan y un pedazo de carne para hacer caldo. Su madre era una puta porque otras pudisteis ser decentes mientras vuestros maridos se colgaban medallas en la solapa y se iban a beber vino a la taberna para luego acostarse con la puta.

MATILDE: Si te casas con ella, olvídate de nosotros. Escupiré detrás de ti, como si fueras un perro muerto. Quemaré

*tus ropas y diré a las vecinas que un
mal viento te nubló la cordura. No
quedará en esta casa ni una brizna de
tu recuerdo. No te daré mi bendición
para que te cases con ella, con la hija
de una puta.*

JAVIER: *¡Madre! (intenta cogerle las manos)
¡Madre! Piense en mi felicidad, ¿qué
importa su madre? La pobre murió...*

MATILDE: *¡Como se merecía! Su madre murió
como se merecía. Como si una jauría
de perros la hubiese despedazado y separado sus miembros para no reunirse
jamás, para no recibir sepultura cristiana. ¿Y tú quieres recoger la semilla
de ese cuerpo?*

JAVIER: *¡Madre!»*

PERSONAJE 2: ¡Ves!, esto está mejor, hay conflicto.
El conflicto es la base del teatro, A quiere
algo y B no está dispuesto a dárselo. Así, sí.

*(Se tapa la boca con apuro ante la
mirada de Personaje 1).*

Sigue, sigue, perdona.

PERSONAJE 1:

*«MATILDE: Sí. Recoger la semilla de un cuer-
po enfermo, peor aún, de un cuerpo
que hizo enfermar a muchos hombres.
Hombres sanos, fuertes, templados al
sol del mediodía. Hombres de rostros
curtidos, de manos grandes, con la mi-*

rada de la tierra en sus pupilas. Ella acabó con sus esperanzas y sus anhelos. Ella los mató.

JAVIER: *Sabes que eso es mentira, no hay ninguna prueba de que ella fuese la culpable. Su madre fue una víctima más.*

MATILDE: *¿Ahora llamas víctima al verdugo? ¿Desde cuándo quien tensa la soga, quien la pone al cuello y te empuja al vacío es una víctima? Esa mujer fue la culpable de la tragedia y recibió su merecido.*

(Suena el timbre).

MATILDE: *¡Voy! (Sale de la habitación).*

(El hijo se queda agachado, con las rodillas pegadas al pecho, dando puñetazos a la cama. Levanta el rostro. Mira, fijamente, la higuera que habita solitaria en el rincón de un solar abandonado, donde la vergüenza y el honor cavaron una tumba).»

PERSONAJE 2: Muy corto, ¿cómo vamos a montar esto?

PERSONAJE 1: Tiene potencial. En poquito, muy poquito, en dos hojas tiene mucha historia. *(Pensando)*. Y si… que se me ocurre… y si…

PERSONAJE 2: ¿Qué, qué…? ¡Habla!

PERSONAJE 1: No sé, pero igual es posible... que podría hablar con la autora y pedirle que escriba la obra, la obra larga para poderla representar.

(Se gira al público y se apaga la luz).

» PASARON unos meses y llegaron las cinco primeras páginas. Las recibimos como quien comienza un puzle, pero no por los bordes y las esquinas, sino de arriba abajo o de izquierda a derecha, sin saber muy bien hacia dónde iban las palabras, cómo encajarían con aquel primer boceto. Mercedes nos las trajo al teatro, era el inicio de la obra. Decidimos hacer una primera lectura con Kike Rueda y vimos que aquellas piezas iban conformando un paisaje teatral que nos atraía. Y así, esperando, esperando, año tras año, una pandemia de por medio, un *saldremos mejores* que no sé si hemos interpretado bien y, después de cada verano, llegaban aquellas porciones de *Silvana* que nos fueron enganchando.

Por fin, en agosto de 2024, la última pieza y teníamos el puzle completo ante nosotros.

Acto II
Lo voy a dirigir

> (*Misma habitación que en el acto anterior. En la mesa una botella de agua y algunos vasos. Hace calor y se escucha el girar ruidoso del ventilador. Los dos personajes están sentados de manera informal, fumándose un cigarro*).

PERSONAJE 1: Me ha hecho esperar mucho tiempo, pero creo que ha merecido la pena. ¿Te la has leído?

PERSONAJE 2: Sí, sí, claro. Hay que hacerle algunos retoques...

PERSONAJE 1: Una obra sobre mujeres... es atractivo para mí hablar de mujeres.

PERSONAJE 2: ¿La vas a dirigir?

PERSONAJE 1: (*Habla ensimismada*). Me gusta el modo en que las historias nos llevan a ellas, cómo la acción va transformando el arco de los personajes, sin anticipar hechos.

PERSONAJE 2: Es que si se sabe lo que va a pasar el público desconecta.

PERSONAJE 1: Ver cómo llegan esas mujeres a ser prostitutas... y la foto de Luis Escobar de las *Prostitutas del Alto de la Villa*, con su copa y su cigarro, lo ilustra todo. He sentido el vínculo definitivo.

PERSONAJE 2: Entonces, la vas a dirigir (*afirmando*).

PERSONAJE 1: (*Sigue a lo suyo*). Y el inicio con el *Romance de Silvana*, lo podemos utilizar en ciertos momentos de la obra, como un recordatorio, un hilo conductor.

(*Canturrea*)

Silvana se paseaba
por una sala florida
y su padre la miraba
por un mirador que había.
Silvana si tú quisieras
ser de tu padre querida...

PERSONAJE 2: El sonido no es muy bueno.

PERSONAJE 1: Luego, toda la parte de la investigación en archivos: el reglamento de higiene, las cartillas sanitarias... son cosas que yo creo que la gente debe saber y, además, de dónde venían esas mujeres.

PERSONAJE 2: Sí, la obra tiene esa parte histórica.

PERSONAJE 1: Pero, fíjate, porque luego hay un salto en el tiempo a los años 70 y vemos esas mujeres obligadas a seguir el destino que les marca la sociedad. La historia de Silvana no acaba en la posguerra. El final es sorprendente.

PERSONAJE 2: Y tú, ¿qué piensas?

PERSONAJE 1: Que la voy a dirigir.

» DESDE la primera lectura, me pareció muy lorquiana, porque Mercedes recurre al mundo onírico para llegar a la imagen. Lorca es mi autor fetiche, con ese uso del lenguaje, esas expresiones que te llevan a otros sitios, a sentimientos no narrados. El texto me emocionó, los personajes se enlazaban, el cambio de época, el giro final… Era muy cinematográfica y teníamos todos los elementos para hacer una obra de teatro.

Acto III
El teatro es un juego

> (*Aparecen de nuevo los personajes en la misma habitación, de pie al lado de la mesa, como esperando a alguien. Miran sus relojes*).

PERSONAJE 1: No hay manera de que sean puntuales.

PERSONAJE 2: Bueno, el otro día tú te quedaste dormida.

PERSONAJE 1: (*Poniéndole el dedo muy cerca de la cara*). ¡Una vez en la vida, una vez en veinte años!

PERSONAJE 2: (*Aparece un niño*). Yo no puedo atenderte ahora. ¡Ah! Que quieres un lápiz. Sí, cógelo. ¿Tiene punta? Pues ese. (*Se va el niño corriendo*).

PERSONAJE 1: No quiero llevar una idea preconcebida del texto.

PERSONAJE 2: Nunca lo haces.

PERSONAJE 1: Necesito descubrir qué está pasando en la obra. En la primera lectura me dejo llevar por las sensaciones y, después, se analiza en profundidad con las actrices y los actores.

PERSONAJE 2: No sé si va a ser hoy.

PERSONAJE 1: Es un drama, pero no tienen que ir a un drama muy drama. La vida es tragedia y es comedia, aunque lo estés pasando mal. Entonces, tengo que quitarle el tono dramático.

PERSONAJE 2: (*Se mira el reloj*). Un cuarto de hora tarde. Me voy a ir a los talleres infantiles.

PERSONAJE 1: (*Ensimismada*). Porque la historia ya es dramática, porque la gente no vivimos siempre en un drama, aunque estemos viendo a esas prostitutas que están fastidiadas, también hay ratos buenos. ¿Me explico?

PERSONAJE 2: (*Mirando impaciente el reloj*). Totalmente.

PERSONAJE 1: No dejarme llevar por una idea única, sino descubrir qué está pasando en el texto. Un personaje no vive sufriendo todo el rato, ni riendo todo el rato.

PERSONAJE 2: Yo, ahora mismo, estoy sufriendo.

PERSONAJE 1: (*Sigue con su disertación*). ¿Por qué? Porque yo quiero que el teatro sea un juego, es un juego, y entonces tenemos que jugar. Tengo que descubrir por dónde van las actrices, tengo que descubrir los matices del texto. Tenemos que descubrir en equipo.

PERSONAJE 2: ¡Ahí vienen! Por fin.

(*Cae el telón*).

» SI la obra, la de verdad, no este prólogo dramatizado, hubiera acabado en el acto III, sería más fácil. Al incluir el acto IV, pasó de ser un texto convencional a ser distinto. Es más inesperado y me gusta que el teatro sea así. ¿Qué pasó con Silvana? La sorpresa, el suspense... jugar con las emociones del público.

Por otra parte, me parece muy interesante que Cecilia Jiménez Ferrés se haya sumado al proyecto para diseñar el vestuario y la escenografía. Su idea de no dejarlo en una expresión naturalista, sino poética, que puede darse a cualquier hora, en cualquier sitio o pasar en estos momentos. Entonces, aunque esté situado en una época, el vestuario y la escenografía son una sensación, una imagen. Más que buscar el mueble y el vestuario realista, aunque está inspirado en eso, cuadra muy bien con el texto y con la idea de la obra que yo podía imaginarme.

Es un lujo, tener a Cecilia en la obra, a Juan Cris en la iluminación y contaremos con dos estudiantes del Conservatorio Superior de Música de Albacete para el diseño musical y los efectos sonoros. Además, Karmento, que le va a poner voz al *Romance de Silvana*. Pues, ¿qué más quieres?

Y seguimos creando, descubriendo en equipo, viendo hacia dónde nos lleva *Silvana* cada vez que nos subimos al escenario.

Entrevista realizada a Engracia Cruz, directora de *Silvana*.
Escrito por Mercedes Lozano López.

Silvana
(Drama en cuatro actos)

A mi madre

Silvana
de
Mercedes Lozano López

fue estrenada en el EA! Teatro de Albacete
los días 23 (preestreno), 24 y 25 de mayo de 2025.

Las actrices y el actor de ese estreno fueron:

María Porcel: interpreta a Silvana, Encarnación y Lucía.
Kike Rueda: interpreta a Doña Carmela, Soledad y Matilde.
Cleo Alcañiz: interpreta a Amparo, Pilar (años 40-50) y Pilar (años 70).
Carmen Guerrero: interpreta a Juliana y Matilde (años 40-50).
Jose Zafrilla: interpreta a Don Arturo y Javier.

Dirección: Engracia Cruz

Escenografía y vestuario: Cecilia Jiménez Ferres

Música: tema principal de Karmento; Diseño musical y ambientación sonora: alumnado de Composición Musical y
Ambientación Sonora del Conservatorio Superior
de Música de Albacete.

Iluminación: Juan Cris
Producción, sonido: EA! Teatro

Estreno
24 y 25 mayo

Ea!
Teatro
arte y cultura

¡Todo vendido!

Silvana

Una historia sobre la lucha cotidiana de las mujeres

María
Porcel

Kike
Rueda

Cleo
Alcañiz

Carmen
Guerrero

Jose
Zafrilla

Escrita por:
Mercedes Lozano

Dirección:
Engracia Cruz

Cartel del estreno

ACTO PRIMERO

(*Entran en escena dos mujeres, el pelo recogido y los brazos al aire, limpios y tersos. Parece que vienen de lavar la ropa, llevan los barreños de chapa apoyados en la cintura, alguna prenda blanca asoma por los bordes. Cogen una sábana, la despliegan, la estiran y la cuelgan en la cuerda con pinzas de madera. Se quedan una a cada lado de la tela y comienzan a proyectarse sobre ella imágenes de la posguerra de distintos países: gente caminando con su familia y enseres, personas que huyen del conflicto, edificios bombardeados. A continuación, aparecen prostitutas acompañando a soldados, «estaciones de confort», carteles dirigidos al ejército sobre enfermedades venéreas, titulares de periódico sobre violaciones en conflictos bélicos: Yugoslavia, Ruanda, Ucrania*).

Cuadro primero: Silvana

(*Se escucha el Romance de Silvana[1]. Madrugada, noche de bruma y silencio. Aparece en escena una mujer desarrapada, dibujada por el ocaso.*

---

[1] Versión Cd *Tradición y Cultura Montealegre del Castillo*. Informante: África López Brotons.

Anda sigilosa, mirando tras de sí, esperando que salga a su encuentro la muerte más violenta. Con un pico del pañuelo va tapando su demacrado rostro. Se intuyen las manos sucias, las uñas roídas, herida la piel. Encuentra un cubo con desperdicios, busca apresuradamente algo con que acallar las demandas de su estómago. Come con asco un trozo de vegetal podrido. Se oye ladrar a los perros. Corre a un rincón, al lado de una higuera de verde intenso. Hay una maleta desvencijada. La escena se oscurece más y una luz cenital la ilumina).

SILVANA: (*Canta susurrando pausadamente*).

Silvana se paseaba
por sus altos corredores
su padre la estaba viendo
recreándose en amores
Silvana si tú quisieras
ser de tu padre querida
te vestiría de seda
de plata te calzaría…

(Se lleva el dedo a los labios, mandándose callar).

Silvana, Silvana…

> *...la camisa que llevaras*
> *sería de organza fina*
> *y las penas del infierno, padre*
> *esas quién las pasaría...*

El infierno, padre, es el infierno

> *(Come, respira hondo, traga).*

> *Hay un padre santo en Roma*
> *que a los dos perdonaría*
> *también hay un Dios en los cielos*
> *que a los dos castigaría*

Castigo, castigo, mi culpa (*se da golpes en el pecho*). La culpa.

> *(Llora. Sube la voz y la baja inmediatamente. Habla más rápido).*

Silvana, la culpa, mira lo que has hecho, te lo mereces, eres mala, mujer mala, castigo divino. Si te viera tu madre, vergüenza le daría.

> *Silvana baja sus alas*
> *muy triste y descolorida*

¿Qué has hecho? No lo sé, ¿qué he hecho?, ellos vinieron a las tres, a las cuatro y a las cinco. Primero a escondidas y después hasta sus madres les daban dinero para que acudieran a mi casa. No me faltaba de comer. Yo no tengo la culpa.

> *(Se apaga la luz cenital).*

Cuadro segundo: Doña Carmela

(Se enciende toda la escena, como si acabase de amanecer. Entran dos mujeres por el lateral contrario, van peinadas y vestidas como si fuera domingo).

MATILDE: Dicen que se los come por dentro como una carcoma silenciosa. Dicen que cuando el veneno se convierte en pústulas ya es tarde. Dicen que... dicen que empiezan a perder la vista y es el fin. Dicen que no hay lágrimas, ni antídoto, ni oración que les sirva de esperanza.

PILAR: Pues yo rezaré, ¿qué me queda? Rezaré para que la muerte se mantenga lejos del portal de mi casa. ¡A mí, no! ¡A mi hijo, no! Y si diese lugar a ver un sarpullido en su piel de roble, con mis propios dientes le sacaría el veneno y con mi propia saliva le aliviaría el dolor y con estas manos, que no serían manos sin mi hijo, le frotaría tanto que cambiaría su piel y sanaría.

MATILDE: Admiro tu entrega, vecina. La fuerza con que defiendes la vida de tu hijo, seguro que te cambiarías por él y serías violenta naturaleza que obliga al sol a salir por el oeste y a la montaña a moverse del curso de un río. *(Habla pausadamente).* Ayer, otra como tú, quiso *ser junco en mitad del secano* y se le secó el corazón y sus manos se convirtieron en frágiles patas de insecto y la lengua se le llenó de la ceniza de la desesperación. Vio el féretro de su hijo atravesar el portal de su casa y cayó devastada al suelo, fulminada por la impotencia y se ahogó. Se ahogó como un niño pequeño indefenso ante una ola de muerte.

PILAR: (*Se persigna*). ¡Calla, calla! Tanto dolor no cabe en la carne.

MATILDE: Así es, lo que está pasando es una ola de muerte que es riada en las venas de las madres y barro en el corazón de los hombres. (*La coge y la zarandea*). ¡Qué más te dan tus dientes, tu saliva y tus manos! Te querrás quitar los ojos de la cara cuando veas el sarpullido en la piel de tu hijo que ya se estará convirtiendo en luna.

PILAR: ¡Cállate! Estás loca y vociferas como el eco entre las montañas (*La vecina la suelta*).

MATILDE: Nadie está a salvo. Esconde la cabeza si quieres, lávate con lejía las manos y los pies, ponles velas a todos los santos del calendario, haz lo que te plazca porque la muerte está preparando un festín con todos nosotros.

PILAR: Hablas con los ojos desorbitados.

MATILDE: Hablo porque he visto la oscuridad rondar mi casa y las cuencas vacías de los muertos me despiertan de madrugada y no encuentro solución a este miedo que es denso como el mercurio. Y pienso en mis hijos, que han crecido mecidos por el viento, que se hicieron fuertes empuñando un fusil y ahora se me antojan débiles y quebradizos.

Si me oyeran (*Se tapa la cara y sonríe*), reprenderían mis palabras. (*Pone voz masculina*) ¡Madre, cállese! ¡Madre, ha salido usted loca! ¡Madre, escuche la radio y deje de preocuparse por tonterías! Así se zanjan las discusiones en mi casa.

PILAR: Y en la mía. (*Se arregla el vestido*).

MATILDE: Miro a la radio y me quedo como tonta, sin escuchar lo que dicen, con los ojos hacia adentro como las estatuas de piedra. Y pienso en cómo hubiese contestado si hubiese sido hombre. Bueno, si hubiese sido hombre no me habrían mandado callar (*Se ríen*). Y callo y me meto dentro de mí, como cuando le das la vuelta a los calcetines. No me gusta lo que veo, vacía, estoy vacía y aún busco el recóndito lugar donde se aloja el destino para acabar con él y poner fin a mi sufrimiento.

PILAR: Una pena. Una pena grande que esperemos no nos toque vivir.

MATILDE: Más que la pena es la incertidumbre. La espera de saber que puede ser mañana, pasado o la semana que viene. Si pudiera arrancarme este dolor de nieve que me quema por dentro. No tengas esperanza, ya es tarde.

PILAR: Mira que me asustas (*Se tapa los oídos*). ¡Calla, por Dios, calla!

MATILDE: (*La coge de las manos y la vuelve a zarandear*). ¡No me mandes callar, tú no!

Te lo diré las veces que quiera. ¡Es tarde! ¡Es tarde! Está muy cerca de nuestras casas...

(*Forcejean*).

PILAR: ¡Déjame! Pero ¿qué te pasa? ¿Están tus hijos enfermos acaso? ¡Déjame! Pájaro de mal agüero que anuncias malos presagios como si fueran verdades. ¡Suéltame! Pero ¡qué barbaridad de mujer! (*Matilde vuelve en sí*). ¿Qué se te ha metido en las entrañas? ¿Qué maldita visión te nubla la mente? Me das miedo, te he visto el modo en el que me has mirado y me das miedo.

(*Se aparta de ella*).

MATILDE: Lo siento, perdona. Yo sí que tengo miedo. Tengo tanto miedo que pierdo la razón. Perdona ¿eh?, de verdad te lo digo, te coseré esa costura que se te ha abierto (*Le coge la tela del hombro*). Hay que ver la fuerza que tiene una cuando se carga de razón.

(*Ríen*).

PILAR: Desde luego. Podrías haber descargado todas las gavillas de una galera tú sola. Parecías un gigante, así grande y desgarbado, como los de la cabalgata de feria, pero feroz, mucho más feroz.

MATILDE: Nada. Todo se queda en palabras gruesas y rechinar de dientes. No me hagas caso. Lo que tenga que pasar pasará, pero me da tanto miedo. (*Intentando ser amable*). Esto te lo tengo que coser en casa, con la máquina, que se te quede bien sujeto. ¿No querrás enseñar el hombro al primero que pase?

PILAR: Ya quisiera alguno verme el hombro.

(*Ríe*).

MATILDE: Cállate, como te oigan los vecinos ya verás, irán con el cuento a tu marido. (*Imita a los vecinos, se ata el pañuelo en la cabeza como las ancianas*). Sabes que *la* Pilar iba ahí, enseñando el hombro, como una cualquiera. ¡Qué descarada! ¡Cómo se le ocurre! Provocando, porque no hace tiempo de enseñar los hombros, ni las pantorrillas.

(*Juega a subirle la falda*).

PILAR: ¡Estate quieta! Ya verás cómo al final nos ven los vecinos y nos sacan habladurías.

MATILDE: Que vaya falda llevaba, que cómo no le van a echar piropos... y lo que no son piropos... que Paquito, *el de la tuerta,* se quitó la gorra cuando la vio y le hizo un pase torero. Y cómo se contoneaba, anda que no le gusta que la miren. Será presumida. Anda que no lo tenía todo bien atado, se dejó caer la tela del hombro para seducir a los muchachos y darse el capricho de que la esperasen en la esquina de su casa, donde al marido no le alcanzase la vista. Pero los ojos del pueblo llegan a todos lados, ¿qué se habrá creído? Una.... una... fresca, por no decir una *pelandrusca*, como Silvana. (*Como haciendo burla*). Silvana, castigo divino. Silvana, si te viera tu madre. Silvana, la vergüenza del pueblo... y el alivio de los hombres débiles de espíritu, pero fuertes de garganta (*Hace el gesto de beber. Canturreando*). Matilde quiere ser

Silvana, se sube la falda, enseña el hombro. (*Ríen las dos*).

(*Entra una mujer elegante, de riguroso luto, con medallas militares adornando el pecho de su vestido*).

DOÑA CARMELA: ¿De qué os reís?

PILAR: De nada.

DOÑA CARMELA: Os pregunto que... ¿de qué os reís? (*Con insistencia*).

MATILDE: De nada, Doña Carmela.

DOÑA CARMELA: Entonces, no os reís de nada. Pues así tiene que ser. No es tiempo de risas. ¿A que no, Matilde? ¿A que no te reías cuando tu mayor lo llamaron a filas en plena guerra? ¡Aaaah! eso no te hizo gracia, ¿eh?

MATILDE: No, claro que no... pero no entiendo...

DOÑA CARMELA: Y tú Pilar, no te reirías cuando tu padre vino *atravesao* sobre una mula, como un pelele, dejando un reguero de sangre desde la entrada del pueblo hasta la puerta de tu casa. Nooo, eso no es gracioso. (*Pilar, se tapa la cara con las manos y llora*). Pues ahora tampoco es momento de reírse. Las ramas de nuestros árboles se secan en plena primavera. El campo huele a miseria y podredumbre. (*Pausa*). ¡Qué lástima de muchachos! En esta misma calle hay por lo menos tres que no llegarán a ver las luces del alba. Vengo de sus casas. Las madres preparan mortaja y luto antes de desfallecer al lado de sus hijos. Los hombres se quedan como ausentes, se meten en un rincón oscuro, fuman y dan golpes, escupen y maldicen su mala suerte. Pero yo sé qué hay que hacer.

(Se queda a oscuras toda la escena menos ella. Da un paso al frente. Sobre este personaje se proyectan imágenes de guerra).

Lo supe cuando los sacos de tierra taparon la puerta de mi casa y se cavaron trincheras al otro lado del río y los vecinos comenzaron a mirarse con recelo y echaron los cerrojos de sus puertas. Yo supe qué había que hacer. Mi marido y mis dos hijos no me hicieron caso. Bajaron la calle apresurados, remetiéndose la camisa en los pantalones y con la escopeta al hombro. Corrían y sus rostros se iban encendiendo, enfureciéndose con una sinrazón que acabaría por costarles la vida. Su vida y la mía, que se fue detrás de sus respiraciones. Yo supe lo que había que hacer, pero nadie quiso escucharme. Y después me quedé sola, aullando como un perro, arañándome el pecho, dejando que la muerte me invadiera lentamente. Un día llegaron a mi casa: *gracias por los servicios que ha prestado su familia a la patria (Mira las medallas), es usted garante de nuestro Estado, ayúdenos a salvaguardar la moral de nuestro pueblo.* Cerré la puerta y mi corazón.

(La última sílaba la acompaña un golpe seco. Vuelve la luz a la escena).

Me molestan vuestras risas desconsideradas.
¡Bajad, bajad la calle, acercaros a las ventanas
a oler el aroma de la fiebre entre las sábanas
de hilo! ¿Qué sabréis vosotras de este amar-
gor de boca, de este vivir sin poder abarcar
el dolor de las entrañas? ¡Corred a vuestras
casas, desagradecidas! ¡Abrazad a vuestros
hombres! y dad gracias al Altísimo porque
tenéis camisas para remendar y un puchero
en la lumbre que alimenta vuestro futuro.

MATILDE: Pilar, vámonos. En mi casa hago falta y
a esos pobres muchachos no los conocemos.
¡Qué Dios los acoja en su gloria!

> (*Se persigna. Pilar está muy afecta-*
> *da. Matilde la coge de la mano y*
> *salen de escena*).

DOÑA CARMELA: El olor de la cobardía me da
náuseas.

> (*Aparece de las sombras un hombre*
> *con gabardina y sombrero, elegante.*
> *Ha sido testigo de toda la escena y*
> *solo ahora que Matilde y Pilar se*
> *han ido se atreve a intervenir. En-*
> *tra en escena quitándose el sombre-*
> *ro, mirando hacia abajo, condes-*
> *cendiente*).

DON ARTURO: Déjelas Doña Carmela, sea un
poco transigente. Las muchachas son madres jóvenes, pasaron de aprender las cuatro
reglas a dar de mamar a sus hijos. No hubo
juventud para ellas, necesitan divertirse y
reír. Después volverán a la realidad de sus
hogares llenos de ceniza y silencio.

DOÑA CARMELA: Con todo mi respeto, Don Arturo. No sé si es usted consciente de la situación que estamos viviendo.

DON ARTURO: Sí, sí, estoy al tanto (*Con la cabeza agachada, dando vueltas al sombrero que lleva entre las manos*). El alguacil me va informando cada poco. Las noticias no son muy halagüeñas. Parece que el mismo demonio ha decidido pasar unas vacaciones entre nosotros. Y lo peor de todo... es que esto no tiene pinta de que vaya a cesar con plegarias y novenarios.

DOÑA CARMELA: Todo ayuda, no diga eso.

DON ARTURO: Sí, entiéndame, no está demás que expiremos nuestros pecados, pero tenemos que llegar cuanto antes al origen, al germen, a la raíz de esta epidemia que nos está arrebatando el futuro delante de nuestras narices.

DOÑA CARMELA: En eso estoy (*Mira a su alrededor*). Precisamente busco a la alimaña que pueda tener un corazón tan impío, un alma tan corrompida y putrefacta que pueda estar causando esta tragedia.

DON ARTURO: Pero, ¿tiene usted alguna idea de la procedencia de esta sinrazón? No sabía de sus conocimientos médicos.

DOÑA CARMELA: No me subestime, Don Arturo. Soy muy perspicaz y mi intuición me dice que la culpable de este drama está muy cerca. Lo sé, se me eriza la piel como a los gatos cuando la huelo. Tanto daño ha provocado en este pueblo que no podría ser otra. Es ella, lo sé, se lo puedo asegurar...

DON ARTURO: No se precipite en hacer conjeturas. No podemos acusar a una persona sin pruebas y menos si es del pueblo, que todo el mundo tiene familia y estos sambenitos se arrastran generación tras generación, ya sabe cómo somos. Todavía hay personas obligadas a callar por lo que hicieron sus abuelos o bisabuelos, pagando con su silencio una herencia maldita de la que no son responsables.

DOÑA CARMELA: ¿Acaso no llevan en su sangre la sangre de sus antepasados?, ¿no cuelgan sus retratos amarillentos en las paredes de sus salones, como si fueran trofeos? Pues ese es su premio: quien la hace la paga, así ha sido siempre y así debe ser. Ni más ni menos. Y esto se tiene que solucionar cuanto antes, caiga quien caiga y arrastre a quien arrastre.

DON ARTURO: Mujer...

DOÑA CARMELA: Nada. Las familias se labran su fama con trabajo, compostura y acudiendo a misa los domingos. Lo demás solo trae deshonor y lamentaciones. Pero que no viene al caso lo que estamos hablando, perdone. Si se confirman mis sospechas, hablamos de una persona sin raíces en nuestro pueblo, por lo que no debe preocuparse, aunque los perros la despedazaran nadie lamentaría su pérdida ni reclamarían su cadáver para darle digna sepultura.

DON ARTURO: Bueno, por ahora mejor déjese de conjeturas, si se equivoca podría cobrarse la vida de una persona inocente y no acabaríamos de atajar el problema.

DOÑA CARMELA: Esa vida ya está cobrada y pagada. Ahora solo queda darle el tiro de gracia para que no sufra nadie más.

DON ARTURO: Doña Carmela, le pido, por lo que más quiera, que no se precipite. Se está investigando el origen de la enfermedad y pronto tendremos resultados.

DOÑA CARMELA: Sí, sí, ustedes sigan con sus averiguaciones (*Lo dice con cierto sarcasmo*). Con Dios.

(*Se despide seca*).

Cuadro tercero: Don Arturo

(*Don Arturo se queda solo en escena, va a ponerse el sombrero cuando nota que algo se mueve en un rincón. Se aproxima lentamente, sigiloso ante la duda de que pudiera ser un ladrón o algún criminal, aunque en su cabeza está casi seguro de que se tratará de alguna rata, el único animal que prolifera últimamente. Silvana, la culpa oye en voz baja mientras se va acercando. Silvana, castigo de Dios y en seguida sabe quién gime y se lamenta. Don Arturo suspira casi aliviado y, con más decisión, destapa a la mujer.*)

*Silvana se tapa los ojos, se defiende
de él y de la luz, esa luz que pone
al descubierto su culpa y oscurece su
inocencia).*

SILVANA: (*Entre sollozos*) ¡Silvana, la culpa! ¡Silvana, castigo divino! ¡Si te viera tu madre, Silvana!

(*Llora y se acurruca*).

DON ARTURO: Pero criatura, ¿qué haces ahí? Vuelve donde Juliana, allí estarás a salvo con las tuyas.

(*Silvana tiene la mirada perdida, sus manos se defienden sin fuerzas, sus escuálidos brazos se mueven como las ramas de un árbol en invierno: grises y agrietadas por el viento, el frío y la impotencia).*

SILVANA: ¡Castigo, castigo! Mi culpa, Silvana, Silvana, ¿qué has hecho? ¡Te lo mereces! ¡Dios lo quiere así! Eres mala, mujer mala (*Escupe y se da golpes*)

(*Don Arturo le coge los brazos y nota una fragilidad de hielo a punto de quebrarse).*

DON ARTURO: ¡Silvana! (*Sube un poco la voz y mira alrededor con temor de que alguien los vea*). ¡Silvana! ¡Para, te digo! ¿Me oyes? ¡Mírame! Soy don Arturo, el médico, ¿me recuerdas? (*Silvana, clava sus ojos en él*). Sí, Silvana, soy yo, Arturo. Tranquila, te llevaré con Juliana.

SILVANA: No, Silvana tiene una hija. ¡Hija mía! ¿Dónde estás? Lucía, hija, ¡mira lo que tengo! (*Muestra un pequeño trozo de regaliz*). ¡Lucía, Lucía!

DON ARTURO: Silvana, por lo que más quieras, cállate o te detendrán por escándalo público. Venga, te acompaño

(*La levanta*).

SILVANA: Lucía, voy a verte prontito, sí, iré con un ramillete de margaritas y un vestido blanco de volantes y jugaremos al escondite cerca del río, pisando la hierba fresca. Prepararé unos bocadillos con dos onzas de chocolate y cantaremos una canción bonita. Lucía, las dos juntitas:

> *Jardinera tú que entraste*
> *en el jardín del amor*
> *de las flores que regaste*
> *dime cuál es la mejor.*
> *La mejor es una rosa*
> *que se viste de color,*
> *del color que se le antoja*
> *y verde tiene la hoja,*
> *y verde tiene la hoja.*

DON ARTURO: Muy bien, Silvana. Seguro que pronto verás a tu hija. Ahora dame la mano y vamos caminando, pasito a pasito, allí donde Juliana. ¿Sabes dónde es?

SILVANA: (*Mira a don Arturo más tranquila*). Silvana tiene una hija, se llama Lucía (*Sonríe, se rasca las manos, la cabeza, los brazos...*), tiene tres años y cuatro meses. Nació para san José, pero no le puse María José porque no me gusta que luego le dicen Pepita o Pepa, ¡no!, un nombre bonito, como ella, Lucía. Era muy pequeña, pequeñita, pequeñita. Lucía, me cabía así (*Muestra sus manos como un cuenco*), pequeñita, pequeñita (*Se sigue rascando, se busca en los bolsillos*). Arturo, ¡mira! (*Le muestra el regaliz*) es para Lucía, me lo dio el pastelero. (*Arturo sabe a cambio de qué*). A Lucía le gusta mucho el regaliz, de fresa, otro no, solo fresa. Una vez le di del negro y escupía y ponía cara como cuando masticas limón sin querer. Regaliz de fresa para Lucía. Y, Arturo, ¿qué quiere? (*Se sigue rascando de manera casi compulsiva*). ¿Quiere abrazo? ¿Quiere besito? ¿Qué quiere Arturo?

DON ARTURO: No quiero nada, Silvana. Que te dejes de rascar en todo caso, que me está picando todo también a mí. (*Le coge el brazo y la mira con preocupación*). Silvana, escucha. ¿Desde cuándo tienes este sarpullido?

SILVANA: Granitos que me salen. A veces muchos, luego menos. Me lavo fuerte con jabón de sosa, froto y froto. Luego salen y pican por todo el cuerpo. Y se hacen pupas y duelen, pero Silvana es fuerte (*Pierde otra vez la noción de la realidad*). Silvana, ¿qué has hecho?, ¿y tu hija? Silvana, mujer mala, mala, castigo divino, te lo mereces...

DON ARTURO: (*Llama a una puerta con ímpetu mientras sujeta a Silvana*). ¡Maldita puerta cerrada! (*Dice entre dientes*). ¿Es que no conocerán estas mujeres lo que es la luz del sol? Viven como vampiros.

Silvana y Lavanderas.

Don Arturo y doña Carmela.

ACTO SEGUNDO

(Sala de casa de segunda categoría. Muebles sencillos, un tocadiscos y una radio de los años 50).

Cuadro cuarto: La señora Juliana

(En el interior de la casa se oye una voz de mujer madura: —¡ya va, ya va, que va a echar abajo la puerta! No será para tanto la prisa, mucha- cho—. Abre la puerta una señora que se seca las manos en un mandil de cua- dros blancos y negros. Lleva el pelo co- gido, resaltan sus ojos, avispados como dos ascuas que persisten durante la noche en la lumbre).

JULIANA: ¡Por Dios! ¡Silvana, Silvana! Llevamos buscándote dos días. ¡Gracias, don Arturo! Al tres por dos se nos escapa, está obsesio- nada con ir a ver a su hija y como no en- cuentra la casa pues se pierde y sigue bus- cando y se pierde y así como la pescadilla que se muerde la cola. Ya sabe usted más que yo de estas cosas de la mente. ¡Silvana, un día nos das un disgusto y tenemos que ir al cuartelillo a por ti! ¡Gracias otra vez, don Arturo! Pásese luego y le hacemos un obsequio.

(Hace ademán de irse para adentro).

DON ARTURO: Juliana, perdóneme la pregunta, pero mi deber como médico de la revisión sanitaria es comprobar el estado de salubri- dad del establecimiento y, por supuesto, de sus mujeres. ¿Ha observado si se rascan la piel de manera compulsiva? ¿Tienen sarpullidos o pupas?

JULIANA: Don Arturo, no le negaré que algún chinche se nos escapa en la limpieza diaria y, como usted ya sabe, *nuestros amigos* no siempre llegan todo lo aseados que nos gustaría... pero mantenemos la casa aireada, que en invierno tenemos las chimeneas al rojo vivo y aun así nos tenemos que soplar las manos.

DON ARTURO: Mire, señora Juliana, no sé si se ha enterado, pero hay media docena de hombres jóvenes en el pueblo que presentan un cuadro grave de una enfermedad desconocida. En lo que llevamos de mes, han muerto dos y esto no pinta nada bien. Comienzan con picores y sarpullidos, fiebre, temblores, vómitos y, cuando la penicilina ya no tiene ningún efecto, acaban quedándose ciegos como si la muerte los hubiese metido bajo tierra antes de tiempo. Las familias van a buscarme sin saber que sus hijos están condenados. Cuando llego a sus casas me miran con esperanza y cuando salgo me clavan los ojos con recelo.

JULIANA: (*Se persigna*). ¡Dios nos libre y proteja esta casa! Don Arturo, y ¿se sabe de dónde puede manar este mal?

DON ARTURO: No, ojalá y lo supiésemos y lográsemos sanarlo. Parece algo nuevo, distinto, un mal arraigado a la juventud de nuestros muchachos, ¿hay algo más contradictorio? Juventud y muerte, despertar y volver a dormir para siempre, querer volar y caer por un acantilado, ¿hay algo más cruel? No lo sé, Juliana, estamos desconcertados, he enviado a Madrid muestras de todo lo que se me ha ocurrido y las están analizando.

JULIANA: Tenga fe, seguro que pronto recibirá buenas noticias.

> (*Le pone una mano en el hombro invitándolo a sentarse, mientras él sigue dándole vueltas a su sombrero*).

DON ARTURO: Mi fe se acaba donde comienza el dolor, por Dios, se lo digo en confianza. Cualquiera de estos fanáticos jamás se atrevería, ni siquiera, a intentar entenderlo. La ciencia, la ciencia nos salvará y, mientras tanto, buscaremos (*Se señala las sienes*) una explicación lógica a tanto sufrimiento.

JULIANA: Descanse, le serviré un anís con agua fresquita que le despejará ese cielo turbio que le atolondra la cabeza. ¡Amparo!, ¡Amparo! ¡Tráeme el anís y el agua fresca que está metida en el pozo!

> (*Saca un vaso de la alacena y se lo pone a Don Arturo*).

DON ARTURO: Juliana, tengo que revisar a las chicas. Debería venir dentro de dos días, lunes y viernes, ya sabe, para la revisión del Reglamento Especial de Higiene, pero, dadas las circunstancias, tengo que hacerlo ya. No queda otro remedio. Hay que atajar cualquier posibilidad de contagio, por pequeña y descabellada que parezca.

JULIANA: Pero... pero... si las revisó anteayer y en todas puso *sin novedad*, con su propia pluma. ¡Amparo, Amparo! Por Dios, esta criatura, qué vida más contemplativa. ¡Amparo! (*Se limpia las manos con el delantal*). Mire, mire... (*Abre un cajón y saca las cartillas sanitarias de las chicas. Va mostrándoselas al médico. Se van proyectando las cartillas sobre la sábana*). Amparo Pastor, lunes 20 de julio, *sin novedad* y su firma; Encarnación Picazo, lunes 20 de julio, *sin novedad*; ¿esta es su letra, no? Soledad Martínez, lunes 20 de julio, *sin novedad*...

DON ARTURO: Sí, sí, Juliana, si recuerdo perfectamente que todas las chicas que revisé estaban sanas. No había irritaciones, ni rojeces en la observación con el *speculum²*. No manifestaron dolor al palpar ni al realizar el frotis³ y el flujo tenía buen aspecto. Así lo comuniqué a la Autoridad local de la que, como sabe, dependemos los facultativos nombrados para realizar estos reconocimientos y, también, lo anoté, (*Recalcando las sílabas*) con-mi-pro-pia-plu-ma, obvio, en las cartillas que usted custodia como ama de este establecimiento.

JULIANA: Entonces, si usted ya tomó nota...

DON ARTURO: Sí, sí, Juliana. Y también recuerdo que Juana López Valenciano, de 18 años,

---

² Instrumento médico utilizado para abrir y exponer la cavidad de un órgano, permitiendo la visualización y el acceso a su interior.

³ Técnica utilizada en laboratorios para preparar una muestra, como sangre, tejido o líquido, para su examen microscópico.

natural de Hellín, continúa de baja por enfermedad común y que se ha ausentado a su pueblo. Y que Silvana Marín, natural de Murcia y de la que no se conoce el nombre del padre, se hallaba indispuesta. Y, también recuerdo perfectamente, que usted me insistió una y mil veces en el hecho de que Silvana estaba menstruando y que no podía pasar el reconocimiento. Y así lo puse en su cartilla (*Coge el documento de Silvana y señala el dato*) porque, además, me dijo que estaba dormida después de pasar varias horas sufriendo fuertes dolores de vientre.

JULIANA: ¡Amparo, Amparo! (*Chilla*). Por Dios esta niña. Lo habrá oído y se estará vistiendo para salir a atenderlo.

DON ARTURO: (*Se pone el sombrero*). No se preocupe. Me voy a casa a recoger el maletín con todo el instrumental y en un periquete vuelvo. Dígales a las chicas, a todas, que estén preparadas y explíqueles que es un reconocimiento urgente pero que, en principio, no tienen de qué preocuparse.

JULIANA: Don Arturo, por Dios, ¿cómo va a salir usted con el calor que hace? Déjeme que mande a su casa al chico de la Sole, que es niño diligente y rapidísimo y tiene unas patillas finas, como una horquilla de moño. Ya sabe, están en edad de correr y no sienten ni el frío ni el calor, les puede el salir a la calle. ¡Amparo, Amparo!

(*Amparo sale desde el fondo del escenario, sin prisa, fumando un cigarro. Lleva un vestido de satén y encima un mantón que se desliza dejando ver los huesos de sus hombros. En una mano lleva un vaso y en la otra el anís).*

JULIANA: Pero, chiquilla, ¿dónde estabas? ¡Mira quién ha venido! ¡Don Arturo! (*El médico se levanta con cara de satisfacción*). Por favor, siéntese, no somos gente con la que tenga que cumplir. ¡Ponle el anís! Voy yo a por el agua fresca.

(*Coge a Amparo aparte*).

Amparo, entretenlo todo lo que puedas. Voy a decirle a la Sole que se lleve a Silvana a donde *la* Teresa, allí estará tranquila con su hija porque aquí pasa algo gordo.

(*Le suelta el brazo*).

Don Arturo, voy a avisar al chiquillo para que vaya a su casa a por el instrumental y les digo a las chicas que se preparen para la revisión. Cualquier cosa que quiera, aquí tiene a la Amparito.

(*Sale limpiándose las manos en el mandil*).

Cuadro quinto: Amparo

(*Don Arturo está sentado en la mesa, ensimismado con Amparo, una joven de melena roja y ojos verdes que llegó de lejos, sin preguntas y con pocas respuestas. Posee un rostro de niña empujada a ser mujer,*

*infantil en el cuerpo y adulta en la
pose. Se pone a servirle el anís).*

DON ARTURO: *Amparo Pastor, natural de Valencia,
de 21 años de edad. Hija de José y de Teresa,
residente en la calle Iris, nº 31, y de las señas
que a continuación se expresan, queda inscrita en esta Alcaldía como mujer mundana
de casa de segunda clase, en la citada calle y
número.* Siempre tuve muy buena memoria.
Sigo. Señas generales: estatura alta, pelo rojo,
ojos verdes, nariz regular, yo hubiera puesto
perfecta; boca regular, mejor hubiera sido ro-
sada; cara redonda, poca precisión, ovalada
más acertado; color sano, sanísimo.

AMPARO: Vaya, se sabe usted al dedillo mi cartilla
sanitaria.

DON ARTURO: Es mi deber. Conocerlas, bueno,
al menos lo que pone en el documento porque sé más bien poco de usted.

AMPARO: Hay poco que contar.

DON ARTURO: Todo el mundo tiene una historia.
Nadie llega aquí por casualidad. Mira, por
ejemplo, Juana me dice una vez al mes que
se va a Hellín por cualquier motivo y resul-
ta que va a ver a su hijo, que está en casa
de Teresa, la que os cuida a los chiquillos.
Sí, lo sé. Tiene 17 años, con 15 la acusa-
ron de inmoralidad porque el señorito de la
casa donde servía le subió un día las faldas
y la dejó embarazada, ya es mala suerte y se
tuvo que ir del pueblo, con la barriga llena de vergüenza y de hambre. A ver, ¿qué
va a hacer una muchacha con un niño en

este lugar sin futuro? Si yo lo entiendo. No te voy a juzgar, pero bueno, que si no me lo quieres contar no pasa nada, tendremos más oportunidades.

AMPARO: Son todo penurias, ya sabe. Mejor nos bebemos un anís y bailamos un poco.

DON ARTURO: Si le digo la verdad, preferiría que bailara usted porque soy de un patoso que espanto a las mulas. Yo soy hombre de libros, por algo llevo estas gafas desde que comencé a afeitarme. ¡Baile, baile!, que en esta oscuridad encontremos un resquicio de luz.

(*Amparo se acerca al gramófono y deja caer un disco con delicadeza. Suena Maniquí parisien en la voz de Sara Montiel. La joven descubre sus hombros, comienza a cantar y baila de modo insinuante mientras bebe a grandes tragos el vaso de anís y vuelve a rellenarlo. Don Arturo mira con los ojos desorbitados el espectáculo que tiene lugar ante él. Acompaña con sus manos el ritmo de la canción, a veces intenta tocar a Amparo, que se zafa como puede de los dedos lujuriosos del médico*).

AMPARO: *Soy fría, muy fría …de aquí…*

(*Se señala el corazón*).

DON ARTURO: Amparo, chiquilla, ¡acércate! Yo daré calor a tu corazón ¿Por qué te me vas? ¿Te doy miedo? Si sabes que soy cuidadoso. No habría de serlo cuando tengo ante mí

una verdadera valquiria, reposo del guerrero caído, guía hacia el Valhalla[4]. Toma mi
mano, llévame al paraíso.

AMPARO: Hay que ver lo *exagerao* que se pone. Eso
va a ser de tanto leer.

DON ARTURO: ¡Ay, chiquilla!, pon tu mano en
mi pecho y siente este galope de caballos
desbocados. ¡Si hasta siento el golpe de sus
pezuñas sobre mis costillas! Así, como si
quisieran romper esta cárcel que atrapa mi
deseo ¿No oyes el relinchar ansioso de mis
latidos?

*(Coge ardorosamente a Amparo y la
sienta en sus rodillas).*

AMPARO: ¡Oiga! (Se levanta rápidamente). ¡Ni caballos, ni yeguas, ni mulas... sino burros!
Que se empecina usted con una cosa y no
ve más allá, que esto es un juego, don Arturo. Yo hago como que me escondo y usted
como que me quiere pillar, pero al final de
todo, cuando toco la pared y digo... *por mí*,
los dos sabemos que se acabó el juego.

DON ARTURO: Te equivocas, chiquilla. Aquí el
juego es don Dinero. Ni escondite, ni tem-
blor de labios, ni honra que guardar. (*Saca
la cartera*). Esta es la que manda y perdona
mi crueldad, pero cuanto antes te des cuenta de cómo funciona el mundo mejor para ti.

---

[4] Valquirias y Valhalla: referencias a la mitología nórdica que dan
muestras de que don Arturo es un hombre de amplia cultura.

AMPARO: Esa es la historia de mi vida. ¿No quería conocerla?, ¿no tenía curiosidad? No se piense que mi ignorancia es tan grande como mi juventud. Mis veintiún años son como sesenta en otras mujeres, aquellas que se crían con las mejillas como azucenas y los labios limpios de estío, aquellas protegidas por sus familias porque así debe ser. No, en mi caso no fue así, pero eso ya poco importa (*Bebe*). Ahora soy mujer mundana, como usted dice, de casa de segunda categoría, que ni para eso he tenido suerte.

DON ARTURO: A mí sí me importa, Amparo, belleza robada al viento de otoño, tornado de hojas rojizas que prenden mis manos con la fuerza de cien maromas, tú que creces en mis labios como un sueño cálido de verano.

AMPARO: ¡Ay, don Arturo! No le hacen falta estos requiebros. Ya sabemos quién manda (*Señala la cartera*) y aquí siempre tendrá usted las de ganar. Los hombres inclinan la balanza de su lado, los de su posición y los que hincan los dedos en la tierra para segar unas fanegas de trigo y ganar dos perras gordas[5] que llevarse al gaznate. ¿Qué quiere que le cuente?

> (*Mira hacia la puerta para ver si vuelve Juliana*).

DON ARTURO: La verdad, claro.

---

[5] La perra gorda era el nombre con el que se denominaba a la moneda española de 10 céntimos de peseta de 1870. Esta locución fue dada en alusión al extraño león (al que se confundía con un perro cuando esta se desgastaba).

AMPARO: Quisiera tener otra verdad que ofrecerle, porque la mía…, la mía me pesa como un ancla de las que chirriaban en el puerto de mi infancia (*Bebe, mientras se oye un sonido de levar anclas*). Mi padre era pescador, aficionado a las *sopas* que llegaban con el *tren vinater*. A la mesa traía más insultos que pescados y más bofetadas que dineros. Con cinco o seis años, qué se yo, ya me movía por la Estación Marítima intentando robar el *sueño americano* a los ilusos que dormían acurrucados sobre sus esperanzas. ¿Sabe cuánto costaba el pasaje a América? 350 pesetas, ¡una fortuna! Poco conseguí, porque guardaban sus ahorros en la caja fuerte de sus anhelos y esa no se abre con ninguna llave. Mi familia vestía de hambre y miseria. Éramos seis hermanos: los mayores dormían en un serón[6] en el suelo, como despojos y los tres pequeños en el tarimón, *atravesaos* como sardinas escuálidas, boqueando, no sé si para respirar o para dejarnos morir en aquellas madrugadas pegajosas (*Sigue bebiendo. Toma aire*). Empezaron a despuntarme los pechos y me arrancaron la inocencia por un agujero del vestido. Estibadores, patrones, marineros, policías…todos estaban dispuestos a dejar su salitre sobre mi piel. Comencé a ir por

---

[6] Eran cestos, más anchos que largos, sin asas, que se utilizaban para transportar utensilios en las caballerizas menores (mulas, burros, etc). Por norma eran de esparto y en muchas ocasiones servían como estera para dormir, vacíos, pues el esparto amortiguaba y protegía del frío suelo.

los tinglados y varaderos, allí encontré rincones olvidados donde la vergüenza se silencia con unos reales y me desprendí de la infancia poniéndome de rodillas. (*Bebe*). Sabe, el hambre es el peor de los chulos. Se lo digo porque, cuando llegaron las primeras palizas, tuve que buscar a quien me protegiera y le aseguro (*Se besa los dedos cruzados*) que cualquiera de esos energúmenos fue mejor compañía que el hambre. Luego, llegó la guerra y tuve miedo porque veía a las mujeres rapadas, *las pelás*, paseando por las calles, detrás de la banda de música, mientras los niños les tiraban piedras (*Balbucea*) y decidí que lo mejor era marcharse. (*Bebe, empieza a encontrarse mareada*). Pero en mitad había una guerra. La guerra, ese animal de mil cabezas. Y me encontré en un burdel de guarnición, mejor que los de campo, eso sí, al menos los soldados venían sin la sangre agarrada a las uñas. Ya sabe, donde haya soldados siempre habrá un prostíbulo. Igual da rojos, que azules, que verdes, nosotras, las putas, somos *el descanso del guerrero*, ya lo ha dicho usted antes, cuando lo de las valquirias y todo eso. Si nos pagaba el propio ejército para *reconfortar* a sus hombres.

> (*Se va al frente, la escena se oscurece y se proyectan sobre ella imágenes de guerra. Despacio*).

Y entonces... llegó el día del grito, el día del cuchillo en el cuello y el ¡*estate quieta!*, ¡*quieta, cabrita!*, ¡*shhhh, quieta!* y me quedé

inmóvil, como nunca en mi vida y fue peor
que el hambre, porque el silencio fue un
grito que me abrió las carnes.

(*Vuelve a iluminarse la escena*).

En las guerras, los hombres violan a mujeres y niñas, sean putas o no, así demuestran
a los otros, que no son capaces de proteger-
las. Lo que se haga con las putas se perdona
más fácilmente, al fin y al cabo, su cuerpo
está para eso. No son mujeres inocentes,
son putas.

DON ARTURO: Lo siento mucho, Amparo.

AMPARO: (*Bebe*). Ya ve. Después, la alegría y la
pena, a la vez. ¿Cómo puede ser esto? (*Llorando*). Algo tan hermoso, una espiral de
remolinos que te crece en el vientre y lloras,
lloras porque te sientes podrida y dichosa,
a la vez. A la vez, te clavas las uñas en los
brazos y rezas por tu hijo, a la vez. Corriendo hacia el precipicio y alejándote de él, a la
vez. Todo a la vez, porque no puede haber
una lucha tan grande dentro de una madre.
Y, así, feliz y triste, llegué a casa de la Juliana, donde usted y yo nos encontramos.

DON ARTURO: Lástima de muchacha. Ahora me
siento culpable por hacerte recordar pasajes
tan crueles. Nadie se merece esa vida. Tan
joven y con tanto desasosiego en tu corazón. No te lo mereces, nadie se lo merece.

AMPARO: (*Bebe*). Es lo que me ha tocado. La vida
no es igual para todos. Mirar al frente y es-

cupir para abajo porque nunca se sabe hacia dónde va el aire. (*Entra Juliana con el maletín de don Arturo*). Ya era hora, luego soy yo la de la vida contemplativa.

JULIANA: Calla, calla, el chiquillo de la Sole… que un día le voy a dar una galleta…pero de las que te ponen la cara *colorá*.

DON ARTURO: Juliana, perdone las molestias, pero creo que volveré mañana, no me encuentro en disposición de realizar adecuadamente los reconocimientos. Prepárelo todo y el viernes, como es costumbre, volveré. (*Juliana se sorprende con alegría*). Con Dios.

(*Se pone el sombrero y sale con el maletín*).

JULIANA: Pero, ¡chiquilla!, ¿tú qué le has dicho al médico?

AMPARO: La verdad, solo la verdad, aunque no toda.

JULIANA: Pues guárdate la que te quede por si nos hiciera falta otro día. (*Le quita la botella*). Anda, vete y diles a las chicas que se laven a conciencia, que utilicen estropajos y pastillas de jabón nuevas, que no se preocupen por lo que valgan, que ya ajustaremos cuentas.

ACTO TERCERO

Cuadro sexto: Soledad.

(Se proyecta sobre la sábana del fondo la fotografía de Luis Escobar. Tres pupilas juegan a las cartas mientras beben anís y fuman, de fondo se escucha Pasodoble español cantado por Lolita Sevilla).

ENCARNACIÓN: *(Se levanta, comienza a cantar y bailar la canción).*

...que el olor de los claveles españoles...
no los pueden otras flores igualar...
si comparas un alegre pasodoble...
con los mambos, boogie-woogie y el danzón...
verás que entre todos ellos...
lo que vale es lo español

SOLEDAD: ¡Mira, si parece que le han *dao* cuerda! *(Ríe).*

AMPARO: ¿Qué quieres? Pues que baile para dar un poco de luz a esta oscuridad, eso dicen.

SOLEDAD: ¿Quién lo dijo? El médico, claro, menuda labia tiene. Ese comienza a hablar y te va enredando así, así, como si te hiciera la rosca una serpiente.

AMPARO: Bueno, depende de si eres ratón o león.

SOLEDAD: Tú, leona y reina de la selva *(Le hace como una reverencia).*

AMPARO: No te creas. Me costó, porque don Arturo me atravesó los intestinos con esa curiosidad suya de matasanos, pero al final, por lo menos, nos dejó descansar.

SOLEDAD: Afortunadamente. Parece que están los ánimos más calmados desde que han llegado las medicinas para los enfermos. Y, ¿que nos echen la culpa a nosotras de veneno semejante? Pero si a la mitad de los hombres ni los conocemos. Será que deberían protegernos a nosotras, que somos *el mal menor*, que a costa de nuestra honra preservan sus matrimonios y contienen el desafío de sus instintos.

AMPARO: Nosotras somos *el mal menor* y su *pecado mayor*.

SOLEDAD: Sin nosotras, no existiría la castidad, ni la pureza, ni esa manera de tocarse la cara los enamorados como si fuesen frágiles esculturas de cristal. Y, sin embargo, nos consideran un objeto contaminado y pecaminoso, ¡será posible!

Prostitutas del Alto de la Villa de Albacete. Fotografía de Luis Escobar (1928).

AMPARO: A ellos lo que les importa es que algo traspase esa puerta y se vean señalados.

SOLEDAD: Yo estaba asustadísima, a la mínima, se presenta aquí la Guardia Civil y nos detiene. Con nosotras hay pocas contemplaciones, una buena multa y elige: Patronato o Cárcel para Mujeres Caídas. Caídas, dicen... (*Cargada de razón*), pues ni que me hubiera subido a un pino. A ver, de las que estamos aquí, ¿es que nos ha quedado más remedio?

ENCARNACIÓN: Bueno, según como se mire. A mí es que me gusta ponerme flores en el pelo, bailar con un vestido nuevo que tenga mucho vuelo y dar palmas cuando pasan las cuadrillas de muchachos. Y, claro, eso pues trae lo que trae.

SOLEDAD: A ti lo que te pasa es que eres joven. Eso es la juventud, Encarni, y no los lutos y el apretar los dientes porque *te se* salen las palabras con la misma fuerza que la cascada de un río. La naturaleza es imparable y la domesticación es un artificio de la gente poderosa.

AMPARO: Es que era anarquista, por eso habla así.

SOLEDAD: Y por eso estoy aquí.

AMPARO: Me refería a que eres una persona con saberes, vamos, una mujer instruida. No es lo habitual, ¿sabes?, y te agradezco que algunas mañanas, justo después de tomarnos el café, nos pongas a *hacer cuentas* y a leer las pocas revistas que hay en la casa. Eso sí, tendríamos que comprar alguna más, que nos las sabemos ya de memoria. A mí me encanta la de Lecturas, ver todos esos actores con el pelo engominado hacia atrás, bien aseados y afeitados, un primor, un espectáculo.

SOLEDAD: Amparo, espejismos, son meros espejismos con los que nos quieren esperanzar para que pensemos que la vida no es solo esto, una bestia que asusta, muerde y acaba por matarte. Tú, fíjate en las letras, júntalas, léelas, entiéndelas, porque ahí puedes encontrar ese madero que flota en mitad del naufragio.

AMPARO: Y, ¿por qué estamos aquí?, ¿no naufragamos hace tiempo? ¡déjame soñar! ¡déjame que sea la actriz principal de mi película! que cubra mi cuerpo con ese vestido de raso negro y esos guantes hasta el codo y déjame fumar con boquilla y soltar el humo con los labios entreabiertos mientras el galán, sentado frente a mí, me mira con deseo.

SOLEDAD: ¡Ay, Amparito! Tener sueños e ilusiones, no está reñido con acabar con la ignorancia: *el elemento más violento de nuestra sociedad* como diría Emma Goldman. Si hubieras visto nuestras escuelas para mujeres obreras, éramos las Mujeres Libres, ¡qué ilusas! Hasta allí venían las madres y dejaban a sus hijos en las guarderías para que otras compañeras los cuidaran. Mientras, nos sentábamos en una larga mesa, como dispuestas para un gran banquete, sacábamos los libros y ellas se desplegaban al igual que margaritas, muy atentas, con sus ojos bien abiertos, luminosos, como queriendo absorber página a página, letra a letra, gota a gota de tinta. Sabíamos que para conseguir la emancipación femenina era necesario alfabetizar, sacar a las mujeres de esa oscuridad húmeda de pozo, de ese fango denso que es el no saber. Y durante treinta y dos meses nos recorrimos parte del territorio español que se sumó a la revolución, *poder de clase y poder de género*, pero *lo que a nosotras nos parecía el progreso a los demás les parecía que no tenía que ser*. Ellos, nuestros propios compañeros, luchando por la emancipación del proletariado, pero ignorando el sometimiento de la mujer, ¡ignorándonos!, nos consideraban un estorbo y nosotras perseveramos...

(*Se va al frente, la escena se oscurece y se proyectan sobre ella imágenes de mujeres libres, milicianas... Levanta el puño y se dirige al auditorio*)

Sin que pretendamos ser infalibles, tenemos la certeza de llegar en el momento oportuno. Estamos dispuestas a seguir, hasta sus consecuencias últimas, el camino que nos hemos trazado: encauzar la acción social de la mujer, dándole una visión nueva de las cosas. Rechazamos enérgicamente toda responsabilidad en el devenir histórico, en el que la mujer no ha sido actriz, sino testigo obligado. Es nuestra hora. ¡Mujeres libres e indomables! Luchemos para combatir la triple esclavitud: esclavitud de la ignorancia, esclavitud por ser mujeres y esclavitud como trabajadoras.

(Se oyen abucheos y murmullos: ¡Vete a fregar! Vuelve la luz. Como apaciguando).

Y no nos dieron voz en los plenarios y sentimos la indiferencia general del movimiento libertario, porque la revolución estaba por delante de cualquier objetivo emancipatorio para las mujeres.

Y alguien dijo: *(Se vuelve a oscurecer la escena y levanta el puño).* Sin confrontaciones compañeras. Cuando consigamos liberar a la clase obrera habremos logrado nuestra propia independencia. *(Baja el puño).* Y todo se fue en una ola del mar, bastó un pequeño embate del agua para llevarse aquella fortaleza de arena mojada. Recuerdo aquel bombardeo, un ruido atronador que parecía venir de todas partes. Gritos y más gritos de auxilio, de dolor, cada vez más cerca. Tenía la garganta seca, como la corteza de un árbol. Corría y corría, pero no sabía dónde estaba el refugio... a la derecha, a la izquierda, ¡no, por ahí, no! Aquella no era mi ciudad, yo había llegado allí para alentar al nuevo grupo de Mujeres Libres, pero no me dio tiempo a llegar al ateneo.

(Se oyen aviones y bombas, imágenes de ciudades bombardeadas antiguas y actuales se proyectan sobre ella. Sonidos fuertes de bombas).

Cuando me desperté, escuché la radio, era el día de mi veintiún cumpleaños; me habían dicho que era especial alcanzar la mayoría de edad. Efectivamente, nunca podré olvidar mi cuerpo sucio, atado, dolorido, humillado en todas partes. Me sangraban los tímpanos, me dolía el vientre. Pensé que a una mujer no la castigarían como a un hombre y llevaba razón.

(*Se oye el discurso de Queipo del Llano*: «*Nuestros valientes legionarios y regulares han demostrado a los rojos cobardes lo que significa ser hombres de verdad y de paso también a sus mujeres. Esto está totalmente justificado porque estas comunistas y anarquistas predican el amor libre. Ahora, por lo menos, sabrán lo que son hombres y no milicianos maricones. No se van a librar por mucho que berreen y pataleen*»).

Veintiún años, veintiún años (Ríe llorando), un día especial. Juicio rápido, entramos unos doscientos a un almacén, como una manada de cerdos. Condenada por *adhesión e incitación a la rebelión*, seis años de cárcel. ¡Seis años! Pero, mire usted, ¡si acabo de cumplir los veintiunos! Saldría con veintisiete, sin comida, ni futuro, ni libertad y con el cartel de *roja* colgado en la frente.

(*Vuelve la luz a escena*).

Ahorraré, ahorraré y me iré a México, con aquellas que pudieron huir. Por ahora silencio, silencio. Se sale de la cárcel, pero se vive mucho tiempo dentro.

AMPARO: (*Suspirando*). Tantas personas y tantos mundos (*Le sirve anís y juegan a las cartas*). Hoy es domingo, día de familia. Solo vendrán los solteros y los curas, después de la misa de doce.

ENCARNACIÓN: (*Llaman a la puerta. Se levanta velozmente*). ¡Yo voy, yo voy! A ver si es mi Enrique, que lleva cinco días sin venir. ¡*Virgencica, virgencica*, que haya *encontrao* piso para irnos a vivir juntos¡ ¿Quién es? (*Al otro lado de la puerta se oye una voz*: el pobrecico de los domingos). Claro y ayer vino el del sábado y anteayer el del viernes y mañana el del lunes y luego el del martes…

SOLEDAD: ¡Muchacha, que le vas a dar la vuelta al calendario! ¡Ábrele, algo le daremos! Mira, llévale esta moneda, que me la iba a jugar a la brisca, pero bueno, seguro que la pierdo, que menudo vicio me tenéis.

ENCARNACIÓN: (*Se va hacia la puerta*). ¡Anda, un fotógrafo! ¡Oye, haznos una foto!, ¡sí, tú!… ¡Qué viene, que viene!

AMPARO: ¡Esta chiquilla! Pero, ¿así, tal cual?

ENCARNACIÓN: ¡Venga, mira a la cámara! Si estás guapa a rabiar. ¡Venga!

> (*Aparece un fotógrafo cubierto por una gabardina, no se le ve la cara. Sonido de fotografía y se proyecta la imagen de Luis Escobar en la sábana que hay detrás*).

Cuadro séptimo. Doña Carmela y Juliana.

(La casa está en silencio, envuelta en la calma de las primeras horas del día. Los incipientes rayos de sol comienzan a dibujar los contornos: sobre la mesa alguna botella vacía, un cenicero lleno de colillas; varios vasos sucios, algunos ribeteados de carmín. El aparador algo revuelto, el pañito descuadrado encima de la radio, un disco olvidado en el gramófono, algunas flores que se van marchitando sobre el mueble. Sale Juliana con un trapo en las manos y su inseparable mandil de cuadros. Comienza a recoger y a limpiar. Poco después, mira el reloj y pone la radio. Suena el serial Ama Rosa[7]. Juliana sigue colocando cada objeto en el lugar que le corresponde, con mimo, como respondiendo a un protocolo establecido día tras día. Encuentra la fotografía de Luis Escobar).

JULIANA: Pues al final, el tal Luis les trajo la fotografía. Estas muchachas, no se les ocurre otra cosa que sacarse un retrato, así,

---

[7] Fue uno de los primeros seriales radiofónicos que se emitieron en España y también uno de los que alcanzó mayor éxito. Se estrenó en 1959, en Radio Madrid (una de las emisoras de Cadena SER) en un contexto de posguerra. Esta radionovela fue escrita y dirigida por Guillermo Sautier Casaseca (conocido como el rey del serial radiofónico) en colaboración con Rafael Barón.

como si esto fuera una feria, nos falta el avioncillo de decorado. (*Deja la fotografía con cuidado en el aparador*). Pues habrá que buscarle un marco. (*Sigue limpiando*). Al final, esto es su hogar y nosotras una familia, cada una con su interés, claro... bueno, como en todas las familias.

(*Le da volumen a la radio*).

AMPARO: Doña Juliana, ¡por Dios, bájele a ese cacharro que tengo la cabeza llena de gente!

JULIANA: (*Con retintín*). Anoche... se nos hizo tarde.

AMPARO: No había manera de que se fueran. Empezaron a contar la jornada de caza, por lo visto, iban Manolo *el de la Eusebia* y Laureano por un bancal cuando se les cruzó la liebre a lo del señorito Mariano. La mala suerte es que apareció el guarda a caballo y les dijo que o sacaban a la galga de ahí o le daba un tiro al animal.

JULIANA: ¡Bastante culpa tendría la pobre perra!

AMPARO: En fin, ni corto ni perezoso, empuñó Manolo la escopeta y se la puso al otro a la altura del pecho diciéndole muy serio: *En lo que tú sacas el arma ya te he calzao dos tiros entre las costillas,* y el guarda se dio media vuelta y se fue dándole a las espuelas.

JULIANA: ¡Menuda cara se le quedaría! No se lo esperaba.

AMPARO: ¡Qué va! Están *acostumbraos* al ordeno y mando porque aquí la cosa funciona así, pero esa galga es *sagrá* para Manolo, por lo visto lo obedece solo con la mirada.

JULIANA: Hay animales que tienen más entendimiento que las personas.

AMPARO: Es cuestión de supervivencia. Si te dan pan, ofreces la patita y no muerdes.

JULIANA: ¿Qué hora es? (*Mira el reloj. Llaman a la puerta*). Bueno, pues sí que empezamos temprano con la tertulia. Será el *pobrecico* de los lunes. (*Abre la puerta y aparece don Arturo con la cara desencajada, la piel sudorosa, el pelo revuelto*). Don Arturo, pase, pase. Amparo, trae agua fresca. Pero, ¿qué le pasa?, ¿se encuentra bien?

DON ARTURO: Juliana, ve a por Silvana, tiene que irse, es urgente, tiene que irse de aquí.

JULIANA: Pero, si está durmiendo, ¡le prometo que no ha hecho nada!

DON ARTURO: Lo sé, lo sé, no ha dado tiempo, no ha dado tiempo a que la medicina haga efecto y le echan la culpa.

JULIANA: ¿La culpa?... ¡la culpa?... ¿de qué?

DON ARTURO: El hijo de la Matilde, las heridas estaban muy infectadas, eran llagas abiertas en su piel de nardo. ¡Hice todo cuanto pude! Limpié la herida a conciencia, cambié los vendajes y le di penicilina, pero su cuerpo no respondió y la medicina nueva acaba de llegar... ¡no ha dado tiempo!

JULIANA: ¡Ay, pobre! (*Se persigna*).

DON ARTURO: La madre le frotaba y le frotaba el cuerpo, le lamía la piel como un animal desesperado, pero se desvaneció mientras la luz se filtraba entre los racimos de uva de la parra. La familia ha enloquecido, han arrastrado a los vecinos, a todo el pueblo. Van gritando, con la lengua saliéndose de las bocas como llamaradas de fuego. Han sacado las rehalas de los perros por si se le ocurre escapar. Son una masa enfurecida que busca una culpable de esta muerte injusta. ¡La culpa, la culpa, Silvana, la culpa...!

> (*Se echa a llorar. Suena un arrebato de campanas y el ladrido ensordecedor de los perros*).

JULIANA: ¡Amparo!, levanta corriendo a Silvana y, sácala por detrás, llévala a las cuevas del castillo. Dile al pastor que vas de mi parte, que la meta entre el *ganao*, que a ella le entretienen las ovejas. (*Pausa*). ¡Pobre mujer! No le dejará la vida descansar, que le llegara la muerte con sencillez. (*Dan golpes fuertes en la puerta y se oye un tumulto de voces*). ¡Ya están aquí! Don Arturo, márchese, que no sepan que ha venido a avisarnos.

> (*Sale don Arturo y por el lado contrario entra después doña Carmela*).

DOÑA CARMELA: Pues parece que ha llegado la hora.

JULIANA: Lo que parece es que tenía usted ganas de que llegase.

DOÑA CARMELA: ¡Justicia! Es lo único que pedimos. La justicia de nuestros muertos. ¿Me la vas a negar?

JULIANA: No voy a dejar que la linchen, esto no es una cacería. Si quieren justicia, que así sea, juicio y sentencia.

DOÑA CARMELA: Esa mujer, esa Silvana, es el origen del mal. ¿Es que no te das cuenta? Está hecha de pecado y perversión.

JULIANA: Como todas nosotras, las de nuestra raza. De poco entendimiento, que en nuestra corta inteligencia buscamos el vestir elegante, el ser agasajadas, la vida fácil. Somos las ruinas de esta sociedad que se tambalea. ¿No es eso lo que os da miedo? ¡Aquí vienen vuestros maridos a *echar la cana al aire* y aquí vuestros hijos a probar su hombría! Y ahora culpáis a la pobre Silvana ¿de qué mal?, ¿de esta tragedia que nadie ha provocado o de la que temes que podría ocurrir si tu mundo desaparece?

DOÑA CARMELA: Tú no viste cómo mudaba su color, cómo sus cuerpos de miel se tornaban azules, se corrompían. (*Se oye a los perros ladrar y doña Carmela azuza a Juliana*). Las prostitutas estáis llenas de cieno, sois sirenas con garras de demonio cantando sobre el fango gris de la depravación. ¡Entréganosla! En la puerta tienes un titán enfurecido pidiendo que la entregues, ¡entrégasela! que ellos harán justicia.

JULIANA: Esa justicia que me pides es venganza contra la tentación. Nosotras somos la tentación, la serpiente que pone la manzana roja en la boca de los hombres, un instrumento del diablo para atraer las almas inocentes, somos la lujuria, lo que tú quieras sentenciar... pero, en realidad, la verdad que nos abrasa a todas es que somos víctimas, como todas las mujeres que están ahí afuera, como tú.

DOÑA CARMELA: (*Coge del brazo a Juliana y señala sus medallas*). ¡Mira esto, ellos fueron las víctimas! Hombres fuertes, cincelados bajo el ocre dorado del sol, hombres que corrían por los caminos y gritaban y nos abrazaban con una fuerza que hacía daño en nuestras carnes de amapola. Yo estoy aquí, ellos no, esa es la única verdad.

JULIANA: Tú eres víctima de un duelo eterno que alimenta su poder. Eres la mano de los hombres donde a ellos no les alcanza, tú estás hecha de sus palabras, como todas, porque educáis a vuestros hijos como ellos os dicen, porque os atrapan en sus casas. Nos mandan callar, guardar silencio, ese silencio que es su condena para nosotras. Un castigo que se hereda, con el que amamantamos a nuestras hijas para que sigan la estela muda de nuestra existencia. El silencio.

DOÑA CARMELA: ¿Ahora quieres cambiar el orden de las cosas?

JULIANA: Si supieras que estamos del mismo lado, que te utilizan tanto a ti como a mí. A ti para adoctrinar, para salvaguardar la moral del pueblo, y a mí para que lo inmoral siga su curso sin manchar vuestra doctrina. Pero tú y yo pisamos la misma tierra, esta que atrapó nuestros sueños, y giras la cabeza cuando me ves porque crees que soy el pecado en carne y hueso. ¡Mírame, mírame bien! En mí, bajo esta piel envejecida con el sudor de mil hombres, está lo mejor de ti, la Libertad. (*Se oye correr a los perros y tiros al aire*). ¡Silvana, corre, Silvana!

DOÑA CARMELA: ¡No se salvará!, los perros la cogerán y la despedazarán como se merece. ¡Que no quede de ella ni su nombre en la tierra!

(*De un tirón arranca la sábana que había colgada. La escena se queda en penumbra*).

(*Se oye la voz de Silvana*).

SILVANA:

*Silvana se paseaba
por una sala florida
y su padre la miraba
por un mirador que había...*

Silvana, qué has hecho, Silvana, mujer mala, castigo divino. Silvana, si te viera tu madre. La culpa, la culpa... yo no quería, pero ellos vinieron...

Don Arturo y Amparo.

Encarnación, Soledad y Amparo.

ACTO CUARTO

Cuadro octavo: Otra Matilde, Otra Pilar. Finales de los años 70.

(*Un foco dirige su luz a la higuera, que sigue en pie, con el verde llameando en sus hojas. Entran en escena dos mujeres de mediana edad con un vestido sencillo y un delantal atado al cuello, llevan un barreño de plástico con ropa dentro. Cantan el romance de Silvana, pero de un modo más alegre.*

Se disponen a ambos lados del escenario, suben una pequeña escalera, con esfuerzo sacan una sábana y la tienden en la cuerda que va de extremo a extremo. Ambas parecen cansadas, pero se sonríen, disfrutando de su complicidad, de una amistad que perdura en el tiempo y que las convierte en el refugio de la otra.

La habitación ha cambiado, en lugar de la radio hay una televisión típica de los años 70 y los muebles van acorde con esa época: sillones y sillas de escay y el aparador rectangular de contrachapado.

Se oye El Cristo de Palacagüina *de Elsa Baeza*).

MATILDE: ¡Cómo me gusta esta canción! Se te pega a la piel como una brisa caribeña.

(*Baila con Pilar y cantan*).

*¡Cristo ya nació
en Palacagüina
de Chepe Pavón
y una tal María
Ella va a planchar
muy humildemente
la ropa que goza
la mujer hermosa
del terrateniente...*

PILAR: ¿Sabes a qué me recuerda? Te vas a reír. (*Se coge del delantal y se tapa la boca*). ¡A don Fernando!

MATILDE: ¡Calla, calla! (*Se lleva también el delantal a la boca*).

PILAR: ¿Te acuerdas de aquel día en que todas, todas, todas, nos declaramos?

MATILDE: Éramos unas criaturas, ¿cuánto tendríamos? ¿catorce años? Y llegó aquel sacerdote tan guapo y tan moderno.

PILAR: Y allí estábamos todas en la fila del confesionario con el mismo pecado. (*Con las manos en actitud de rezar*). Padre, ¿es pecado enamorarse de un cura? (*Se ríen*). Tú imagínate, el pobre que no podía salir del confesionario, rojo como una amapola, con el vigor escapándose por debajo de la sotana.

MATILDE: El vigor se lo llevó la Paquita, que estaba riéndose de nosotras detrás de una columna.

PILAR: ¡Es verdad! Ya no se supo más de ellos. Él se salió de cura y se fueron a Madrid, dijeron.

MATILDE: Se salen muchos de cura, si es que no tienen vocación.

PILAR: La vocación es una mesa de siete y medio pan para repartir. La maleta con una muda y al seminario. El hambre, Matilde, el hambre, ese es el peor de los demonios.

MATILDE: Era muy guapo, llevas razón, con aquellos ojos aguamarina, nunca había visto una mirada igual. Parecía una puerta abierta a otro mundo, era como si te fuera a llevar lejos, como si fuera a rescatarte de esta tierra oxidada.

PILAR: Y, acuérdate, nos dejaba los salones parroquiales para hacer guateques y nos llevó de viaje.

MATILDE: A Mallorca. (*Se quitan los delantales y se cogen de los brazos*). El mar, era la primera vez que lo veía, era del mismo color que sus ojos. Yo me quedaba embobada mirando la espuma de la estela del barco, era el *Ciudad de Valencia*, bien me acuerdo. El cuerpo me vibraba como cuando golpeas una pandereta, era algo eléctrico.

PILAR: Un azul inmenso, tan inmenso que para mí era imposible. Yo estaba acostumbrada al río y al monte, era donde yo me desenvolvía, como las lagartijas entre las matas de romero.

MATILDE: Pero aquello... (*Abren los brazos*) no se podía abarcar, por mucho que estirase los brazos, era una luz nueva que me recorría desde el pecho a la punta de los dedos.

PILAR: Abría la boca y me llenaba de esa brisa húmeda, era como gritar para adentro. Pensaba que allí nada podía doler, nada era tan importante y la risa se me escapaba, corriendo ligera como el agua de una acequia.

(*Bajan los brazos*).

MATILDE: Por primera vez, me sentía como esas señoras de familias pudientes que aparecían en las revistas, en la cubierta de los barcos, tomando el sol y bebiendo Martini mientras el viento salado despeinaba sus famosas melenas. Yo luchaba por quitarme el pelo de la boca, de la nariz, pero se me quedaba pegado, no estaban hechas mis manos para ese sueño. Me tiré todo el viaje asomada por la borda, intentando grabar cada instante en mi mente, para que al volver tuviera un recuerdo al que agarrarme.

PILAR: Y tu hermana se mareó y tuvimos que subirle las piernas y abanicarla.

MATILDE: ¡Qué susto, la pobre!

PILAR: Menos mal que tu padre os dejó ir al viaje porque... costó convencerlo.

MATILDE: Y cuando volví... (*Se ríe*) llevaba unos pantalones de campana que me había comprado y una camisa floreada con un poco de escote. Mi padre, me miró de arriba abajo y me dijo que parecía una *marimacho* y que ya estaba tardando en prenderle fuego a toda esa ropa. (*Pone voz de hombre*). *En el pueblo, no. Aquí no. Si lo has hecho por moda o por jugar, que sepas que aquí no te vas a poner eso.* Y nada, lo tuve que guardar para ver si lo podía aprovechar cuando me casara. Mi abuela Josefa, siempre tan sabia, me llamó a la cocina y, con un tono amable y con algo de guasa, soltó uno de sus dichos: *Guarda el trigo en el orón (señalándose), que no le faltará comprador.* (*Ríen*).

> (*Se sientan en el sofá y sacan un tú y yo para servirse un café. Una de ellas gira la rueda para encender el televisor, primero aparecen interferencias y después se proyectan imágenes de la prensa del corazón hablando sobre la muerte de María Callas. Las dos se sientan y escuchan la noticia*).

(PERIODISTA DANDO LA NOTICIA): *...La cantante de ópera María Callas moría ayer en su casa de París de un paro cardíaco, según los informes oficiales. Quienes la conocían, dicen que ha muerto de tristeza. El hombre de su vida fue también el hombre que la destruyó. La muerte del armador, Aristóteles Onassis, en 1975, la sumió en una terrible depresión. (Entra la noticia, imágenes del entierro). El parte médico diagnosticó una crisis cardíaca, quienes mejor la conocían dijeron que se había dejado morir. Tenía 53 años...*

> (*Baja el volumen*).

MATILDE: La muerte a todos iguala. (*Se persigna*).

PILAR: (*Se persigna*). Descanse en paz.

MATILDE: Esta semana lo sacarán en la portada del *¡Hola!,* seguro.

PILAR: ¡Calla, calla!, que dicen que la van a incinerar.

MATILDE: Será que la van a embalsamar

PILAR: ¡Que no, que no! ¡Que la van a quemar! (*Se persigna*).

MATILDE: Pero, si eso es un sacrilegio. Va en contra de lo sagrado. ¿Cómo se va a quemar una mujer tan elegante, con tan buen gusto? Y la familia, ¿lo permite? ¿lo dejó en sus voluntades?

PILAR: Pues mira, no me he *enterao.* Te pones a hablar, que parece que te han *dao* cuerda.

MATILDE: Da igual, si lo van a contar todo en el *¡Hola!* de esta semana. Harán un reportaje, desde que nació, que dicen que lloró tan fuerte, que a la madre le dio miedo y estuvo tres días sin cogerla.

PILAR: Nació con ese talento.

MATILDE: El desapego de la madre la marcó toda su vida.

PILAR: ¿Cómo no te va a marcar una madre?

MATILDE: Y luego se enamoró de ese hombre, Onassis, sabía que era un mujeriego, pero se le metió en la sangre. Cuando los veía en las revistas: ella tan esbelta como una porcelana, él... un puño cerrado preparado para demoler. (*Da con el puño en la mesa*). Pero cómo lo miraba, los ojos vidriosos, hielo derretido y él la masticaba apretando los dientes, sintiéndola crujir en su boca; moviéndola de un lado a otro de sus labios, como ese puro que siempre fumaba. ¡Ha muerto de amor!, ¡quiso tanto a ese hombre! Siempre pretendió ser su mujer, pero se metió por medio Jackeline y le quitó el puesto.

PILAR: A ver... no sería así.

MATILDE: Que sí, que sí, que hicieron un reportaje en el ¡Hola! Hasta dicen que él la drogó para abusar como quiso de ella y que cuando se quedó embarazada la obligó a abortar. La usó y la tiró.

PILAR: Pero, ¡qué barbaridad! Se me llenan los oídos de cardos y espigas secas ¿Cómo va a ser eso así? Yo creo que hay mucho cuento en las revistas.

MATILDE: En eso llevas razón, pero mira (*Coge una revista que hay encima de la mesa*), a mí me hace ilusión ir cada martes donde *la* Carmen *la viuda* y comprarla. La abro y la huelo, es como una anestesia. El mundo de lujo está en las revistas: las vacaciones, los barcos; los coches largos y negros, relucientes como grillos; la residencia de verano y la de invierno. En las fotos, siempre aparecen sonrientes, no hay dolor, no hay sufrimiento; es como si no pertenecieran a mi misma tierra, ni tuvieran mi misma carne. Luego pienso en que, si ahorro lo suficiente, podré viajar a la Costa Azul, ver Mónaco y tomarme un café con Grace Kelly. (Se ríe).

PILAR: (*Poniendo voz afectada*). Querida amiga, ¿querría un poco más de leche en el café?

MATILDE: ¡Anda! No te rías. Bien que vienes luego con la revista para que te cosa el vestido tal y cual o que busquemos un papel pintado para que tu salón se vea con lustre y tapar los desconchones que tienes en las paredes, que ¡un día vas a ver el mar cuando te asomes! (Se ríen).

PILAR: Pues sí, me ha venido muy bien que hicieses ese curso de Corte Confección por correspondencia. ¡Qué lástima que tu padre no te dejase estudiar! Habrías sido la primera de la clase y la modista de Grace Kelly.

MATILDE: Los hombres son los primeros para estudiar, es el orden. Luego mi hermano no quiso seguir, no le gustaba, prefería salir con el *ganao* por los montes y untarse la piel con retama y mejorana, y nos quedamos los dos en el pueblo. Pero, bueno, las cosas vienen así y así hay que cogerlas, apretamos los puños y seguimos con nuestra vida. (*Bebe café*).

(PERIODISTA SIGUE DANDO LA NOTICIA): *El funeral se celebrará el próximo 20 de septiembre. Posteriormente, las cenizas de María Callas serán depositadas en el cementerio de Père Lachaise de París. Las razones de su muerte parecen no estar claras, ya que oficialmente se habla de una crisis cardíaca pero no se descarta que se suicidara con una dosis mortal de tranquilizantes. La familia ha pedido respeto a la memoria de la cantante y espera conseguir los permisos para cumplir con su última voluntad: que sus cenizas sean esparcidas por el mar Egeo para estar por siempre con Aristóteles Onassis.*

MATILDE: (*Escupe el café y se levantan sobrecogidas*). ¿Pero que primero la queman y luego la tiran al mar?

PILAR: ¡Matilde! Me has *manchao* el vestido, pero qué bestia eres. Para quedar tú con Grace Kelly. (*Mira preocupada a Matilde*). Estás blanca y ojerosa, ¿qué te pasa?

MATILDE: Yo no quiero que me quemen. A ver si se va a poner ahora de moda y cuando me muera me van a quemar y luego, ¿dónde está la resurrección de la carne? ¡Que no, que no! A mí que no me quemen y, menos aún, que luego tiren mis cenizas al mar. ¡Que no, que no!

PILAR: Tranquila, se hará lo que tú quieras que se haga. No te preocupes, habla con tu hijo y tu marido. Venga, siéntate, que te voy a hacer una tila.

MATILDE: Que no, que no. A mí que no me quemen que me aparezco y doy golpes por las paredes.

PILAR: Desde luego, qué perra que has *cogío*.

MATILDE: (*Se sienta más tranquila*). ¡Venga, esa tila!

Cuadro noveno: Matilde y Javier.

> (*Javier entra en escena, lleva una maleta de piel con correas. Viste pantalón de campana, camisa con cuello de largos picos blancos. Matilde sale limpiándose las manos con un paño de cocina y lo abraza fuertemente*).

MATILDE: ¡Hijo mío, qué ganas de verte!

JAVIER: Madre, no sé qué asunto tan urgente es este que quiere que tratemos, pero el domingo debo volver a Madrid. Tengo un juicio importante el martes y he de preparar la documentación.

MATILDE: Y de paso, quedar con la chica esa... Lucía, ¿no?

JAVIER: Lucía, sí, Lucía. Se refiere a ella como si no la conociera.

MATILDE: Lo preferiría.

JAVIER: Madre, ¿me ha hecho usted venir para darme la paliza con lo mismo de siempre?

MATILDE: (*Coge a su hijo de la mano y se sientan*). Ven, siéntate conmigo. ¿Has visto que siguen aquí los vencejos? Por las mañanas, cuando se va tu padre, me salgo a la terraza a observarlos. Vuelan rasgando el aire, con el pico abierto, les amarillean las comisuras y pintan triángulos con sus colas en los huecos de las tejas.

JAVIER: Siempre le encantaron los vencejos.

MATILDE: Van y vienen, continuamente en el aire. Comen, beben en el aire y hacen todo, todo (*Sonríe*) en el aire. Es su instinto.

JAVIER: La naturaleza es asombrosa. A veces, hace que nos sintamos bastante torpes.

(*Se ríe y Matilde le da un golpe cariñoso con el dorso de la mano*).

MATILDE: Me quedo mirándolos y parece que vuelo con ellos, una hoz más girando sin control que chilla, chilla y vuela muy rápido, cortando los pinos, los riscos, segando la mies de un solo golpe. Si tuviera esa fuerza, si tuviera esa fuerza... (*Se lamenta*), pero yo soy mucho más endeble. La lentitud de los años se va apoderando de mi cuerpo, es como si la piel se pegase a los músculos y me volviese corteza de árbol y echara pesadas raíces en esta tierra de otoño. Por eso, te tengo que pedir algo. Escúchame, Javier, es importante.

JAVIER: Madre, me está asustando, dígame.

MATILDE: (*Respirando hondo*). No tires mis cenizas al mar.

JAVIER: (*Con gesto contrariado*). Madre, qué está diciendo. Cenizas, ¿qué cenizas?

MATILDE: Acabo de verlo en la tele. Ella ha muerto. ¡María Callas ha muerto! (*Con lágrimas en los ojos*). Ella que tuvo al mundo gritando su nombre no ha podido con la pena. El amor la ha consumido por dentro como la hiedra que se pega a un árbol débil. Le ha agarrado el alma y la ha vuelto negra como el hollín, se ha convertido en polvo seco, con solo un soplo se ha desvanecido. Después la han tirado al mar. (*Incrédula*). Qué manera de poner el punto y final a una actuación estelar. Devorada por el agua. Éxito y espuma, cenizas y olas, una voz de arena que se escapa entre los dedos. (*Hace una pausa, Javier la mira esperando el desenlace*). Ahora todos hablan de su pasado, de su relación con Onassis, de la infidelidad, de que él se casó con otra... ¡escucha! (*Coge fuerte la mano de su hijo*), ¡No guardes para mí ese castigo! No me hagas arder en vida en las bocas de la gente, ser ceniza debajo de la higuera. ¡No te cases con ella!

JAVIER: (*Cogiéndole las manos*). Madre, las lenguas son indomables pero la dignidad nos pertenece y podemos hacerla grande y fuerte, capaz de resistir el látigo de las habladurías...

> (*Matilde retira las manos y se incorpora súbitamente*).

MATILDE: No quiero que te cases con ella. (Grita). ¡Su madre era una puta! ¡Me oyes! ¡Una puta!

JAVIER: (*Con enfado*). Su madre era una puta porque tenía que dar de comer a su hija, una criatura que no le llegaba a la cintura, privada de un padre. Su madre era una puta porque su cuerpo fue lo único que le daba sustento. Su madre era una puta porque otras pudisteis ser decentes mientras vuestros maridos se colgaban medallas en la solapa y se iban a beber vino a la taberna para luego acostarse con la puta.

MATILDE: Si te casas con ella, olvídate de nosotros. Escupiré detrás de ti, como si fueras un perro muerto. Quemaré tus ropas y diré a las vecinas que un mal viento te nubló la cordura. No quedará en esta casa ni una brizna de tu recuerdo. No te daré mi bendición para que te cases con ella, con la hija de una puta.

JAVIER: ¡Madre! (*Intenta cogerle las manos*). ¡Madre! Piense en mi felicidad, ¿qué importa su madre? La pobre murió...

MATILDE: ¡Como se merecía! Su madre murió como se merecía. Como si una jauría de perros la hubiese despedazado y separado sus miembros para no reunirse jamás, para no recibir cristiana sepultura. ¿Y tú quieres recoger la semilla de ese cuerpo?

JAVIER: ¡Madre!

MATILDE: Sí. Recoger la semilla de un cuerpo enfermo, peor aún, de un cuerpo que hizo enfermar a muchos hombres. Hombres sanos, fuertes, templados al sol del mediodía. Hombres de rostros curtidos, de manos grandes, con la mirada de la tierra en sus pupilas. Ella acabó con sus esperanzas y sus anhelos. Ella los mató.

JAVIER: Sabes que eso es mentira, no hay ninguna prueba de que ella fuese la culpable. Su madre fue una víctima más.

MATILDE: ¿Ahora llamas víctima al verdugo? ¿Desde cuándo quien tensa la soga, quien la pone al cuello y te empuja al vacío es una víctima? Esa mujer fue la culpable de la tragedia y recibió su merecido.

(*Suena el timbre*).

MATILDE: ¡Voy! (*Sale de la habitación*).

(*El hijo se queda agachado, con las rodillas pegadas al pecho. Levanta el rostro. Mira, fijamente, la higuera que habita solitaria en un rincón*).

Cuadro décimo: Matilde y Pilar. Date cuenta.

(*Javier saluda a Pilar y sale de la casa*).

PILAR: Pero, chiquillo, ¡vaya cara!

MATILDE: ¡Ea!, cosas que pasan.

PILAR: Otra vez discutiendo y, ¿para qué le haces venir?

MATILDE: Es que es la única manera de verlo. Siempre tan ocupado, siempre con papeles, con juicios, yo no sé si hicimos bien en darle estudios. A veces, me lo imagino aquí en el pueblo, saliendo al campo por las mañanas, oliendo a agua fresca y a flores de almendro, con la camisa arremangada por encima de los codos y los músculos del brazo tensando su piel.

PILAR: Y luego... oliendo a tierra seca, a tabaco y a vino.

MATILDE: No será así.

PILAR: Peor, con el olor dulzón de la higuera pegado a las ingles, como todos en este pueblo, este aire empalagoso que no nos deja respirar. Tu hijo tiene otra vida, ¡déjalo volar! Como los vencejos que se lanzan en agosto desde los tejados, Matilde, tú ya has cumplido. ¡Déjalo volar!

MATILDE: Ay, Pilar, si es que tengo un nido de hurones que me corre por dentro.

PILAR: Pues mala *patá* le demos a esos bichos. ¿Tú ves que tu hijo esté triste?

MATILDE: No

PILAR: ¿Lo ves infeliz?

MATILDE: No

PILAR: Entonces, ¿qué mal fuego estás alimentando?

MATILDE: No lo sé, ya no lo sé. Esa chica… esa Lucía… era la hija de Silvana, ¡de Silvana! Todo el mundo lo sabe.

PILAR: Pues claro que lo saben, no hace tanto tiempo que pasó y fue como una tormenta de verano, impetuosa e inesperada, una riada de lodo que arrastra cuanto toca. (*Se persigna*). Tanta desgracia no debería existir.

MATILDE: Y, ahora, tengo el barro inundando todos los rincones de mi casa y me va a ahogar.

PILAR: Mira, la memoria en los pueblos se hace fuerte en los corros, es la costumbre, ¡de algo hay que hablar! Pasa de generación en generación, como esa mantelería que se hereda, ahí lleva bordado de lo que se puede hablar y de lo que no, bien punteado. ¡Claro que lo saben!, Silvana murió de aquel modo, la quemaron y echaron sus cenizas a los pies de la higuera, sin más recuerdo que el nuestro.

MATILDE: Yo lo siento como si estuviera sucediendo ahora, pero a mí.

PILAR: (*La abraza*). Han pasado treinta años. Y la vida ha cambiado, Matilde, los jóvenes se van a la capital y cuando vuelven dicen: *Madre, hágame rolletes en la sartén de hierro. Madre, una* tortillica *de patatas con cebolla. Madre, saque las sábanas de hilo. Madre, abra las ventanas. ¡Ay, madre!, qué bien huele la higuera.*

MATILDE: ¡Maldita esta higuera, esta y todas! Porque tienen las raíces largas como los recuerdos en la gente.

PILAR: No te encorajines. Nuestros hijos vienen y se van, como las aves peregrinas, no les duele porque su vida está en otro sitio.

MATILDE: Pero yo lo tengo que pasar.

PILAR: Sufres por ti, no por tu hijo. Sufres por lo que vaya a decir la gente. ¡No hagas ni caso! Bastante tiene cada uno con lo suyo.

MATILDE: Sí, bastante tenemos.

PILAR: ¿Qué te piensas? ¿Que detrás de cada pared no hay un vendaval y en cada corazón un enjambre de abejas?

MATILDE: Yo no miro a otras casas, me basto con lo que pasa en la mía.

PILAR: (*La coge de la mano*). No te hagas más daño. Yo solo te digo... que, si no le das una oportunidad a esa muchacha, vas a perder a tu hijo. Tú eliges, porque él lo tiene claro.

MATILDE: (*Se levanta aturdida*). Yo no sé qué me dices, la sangre me late en las sienes.

PILAR: (*Como advirtiendo*). Lo que te digo es que pienses bien lo que vas a hacer, ¡piénsatelo!

(*Sale de escena*).

Cuadro undécimo: Matilde, Javier y Lucía, Pilar y Juliana

(*Matilde y Javier sentados en el comedor familiar, miran la televisión y, de vez en cuando, echan un vistazo al reloj de pared y al de pulsera. Javier se remueve inquieto. Suena el timbre y se levantan los dos*).

JAVIER: Madre, si me quiere, hágame el favor... (Le coge las manos). Vamos a lanzarnos juntos desde este tejado, vamos a volar, vamos a vivir y vamos a cortar con nuestras alas negras las lenguas que nos quieren llenar de ortigas.

(*Matilde retira sus manos con delicadeza y mira hacia abajo alisándose la falda.*

Abren la puerta y aparece Lucía, con un vestido delicado y una flor en el pelo, al estilo de Elsa Baeza. Javier se acerca y le da un beso intenso en la mejilla).

LUCÍA: Matilde, ¿cómo está? (*Se acerca y le da dos besos*).

MATILDE: (*Muy bajito, como si no quisiera hablar*). Bien, bien.

LUCÍA: Gracias por invitarme a comer.

MATILDE: Nada, siéntate que voy a sacar la sopa.

(*Sale Matilde*).

LUCÍA: (*A Javier*). Pues parece que no me ha puesto tan mala cara. Me esperaba sus ojos como alfileres hincándose en mi piel.

JAVIER: Con el tiempo te tomará cariño. Ahora es más por mí que por ti, no quiere quedarse sola y decir un día: *Yo tuve un hijo, se llamaba Javier. Yo tuve un hijo y se me fue siguiendo la corriente de un río que no pude parar. Yo tuve un hijo que se convirtió en pez y se me resbaló entre las manos. Mi hijo Javier, al que trencé las manos de esparto, pero el sol le cegó los ojos y se me perdió.*

LUCÍA: Espero que algún día sea por mí.

(*Entra Matilde con una olla de sopa. Reparte la comida en los platos, con un silencio contenido. Se sienta, co-*

*gen las cucharas al unísono, todo
acompasado, como una coreografía.
La introducen en el plato, la elevan,
soplan y se la llevan a la boca, así
varias veces. Miran la televisión y
siguen comiendo. Javier va a decir
algo cuando suena el timbre. Matilde se levanta sobresaltada y va rápido hacia la puerta, la abre evitando
que se vea en interior de la casa).*

MATILDE: ¡Pilar!, ¿qué haces aquí a la hora de comer?

PILAR: Amiga, amiga. (*Visiblemente nerviosa*). Yo no
sé cómo sacarme estos nudos de trapo que
traigo en la lengua. Esta mañana, *la* Juliana
ha llamado a don Arturo, como le cuesta
dar dos pasos, le he acompañado y.... y...
¿puedo pasar?

MATILDE: (*Le tapa la entrada*). ¡Ay! ¡Venga, que se
me enfría la comida!

PILAR: Pues que está la mujer muy mala y, no tiene
a nadie, desde que pasó todo, que a las pocas que la saludaban por la calle pues ellas
les dijo que no tuvieran obligación, que no
necesitaba a nadie... y... ¿puedo pasar?

MATILDE: Pilar, tengo a mi hijo esperando para
comer, date prisa en lo que debas decirme.

PILAR: ¡Ay, amiga! Si la mujer ha vivido honrada-
mente, con su puesto de fruta en el mercado
central y ya... pues el pasado, pasado es... Tu
hijo debería escuchar esto... ¿puedo pasar?

MATILDE: Pilar, o hablas o callas, pero date prisa.

JAVIER: ¡Madre! ¿Quién es? ¡Que se le enfría la sopa!

MATILDE: *La* Pilar que viene a ver si le puedo arreglar un vestido.

JAVIER: Pues que pase, que pase... que es momento...

MATILDE: No, si ya se iba.

PILAR: Le ha dictado una carta.

MATILDE: ¿Quién?

PILAR: *La* Juliana le ha dictado una carta a don Arturo, que ella se ha manejado bien en la vida, pero ahora no ve apenas. Y... ¡ay, amiga! Yo pensaba que eran sus voluntades, el testamento, el traje para la mortaja, ¿yo qué sé? Pero no... pero no... le ha contado la historia de Silvana, ¡de Silvana! Y me ha pedido que le entregara la carta a su hija Lucía, que sabía que tarde o temprano vendría por aquí. Ya sabes, los ojos del pueblo llegan a todos lados.

MATILDE: Tus palabras son algodones que me taponan los oídos y no sé si mi boca es mi boca, pero entra, tanto si eres lodo como si eres jazmín.

(*Entra a la casa*).

PILAR: (*Sorprendida, mirando la escena familiar. Se levantan y saludan*). ¡Ay, Javier! ¿Esta es Lucía? (*Le da dos besos*). ¡Ay, niña! (*Le toca la cara*). Tienes la piel fina de las solteras y esos ojos como dos broches de azabache.

MATILDE: Cumple con lo prometido y ¡vuélvete a tu casa!

PILAR: ¡Voy! Lucía, conoces a *la* Juliana, igual que yo. Ella no te escondió nada, porque nada pudo hacer para que tu infancia te creciera corriendo por los campos de romero, cazando salamanquesas y bañándote en el río. Aquel día, aquel día, de humo negro y lenguas de fuego, aquel día, nos abrasó a todos. Cuando tu madre murió, *la* Juliana corrió a por ti porque temía que se quisiera avivar la lumbre de la venganza con tu cuerpo de niña. *La* Juliana corrió, corrió tanto que fue dejándose el mandil, las alpargatas y el aliento por las esquinas del pueblo. Corría porque sentía cerca las voces, los perros, el olor de la higuera. Ella te salvó, te entregó a aquella familia de Madrid para que te cuidara, pero tú ya tenías recuerdos y no pudieron esconderte la verdad.

LUCÍA: No me quejo. Me cuidaron, estudié, tuve una familia y ahora vuelvo al pueblo por amor y de visita. Le agradezco su sinceridad y su cariño, hay quien no quiere cruzar palabra con la hija de Silvana, pero usted me las ha tendido como un puente hacia la memoria de mi madre y le doy las gracias.

PILAR: ¡Ay, chiquilla! ¡Ay, qué dolor se me pone en el pecho!

LUCÍA: (*La abraza*). No sufra, tal vez fue lo mejor. Entre las zarzas, aunque conozcas el camino, es difícil abrirse paso sin dejarse la piel.

PILAR: ¡Ay, chiquilla! ¡Ay, qué peso sobre mis costillas! (*Toma una respiración profunda* y le muestra la carta). *La* Juliana ha mandado llamar a don Arturo para que le escribiera una carta, una carta dirigida a ti. Como voy a echar unas horas a su casa pues me ha pedido que lo acompañara, que está muy torpe, y allí que me he encontrado y he escuchado cuanto se escribe en esta carta. ¡Ay, muchacha! Estas palabras... no son mieles para tu corazón de musgo. Si no la quieres leer, lo entiendo. Entre lágrimas la dictó *la* Juliana y entre lágrimas la escribió don Arturo. Si no la quieres leer, la rompo y la echo a la lumbre, que el fuego devore con su llama azul lo que no quieras saber, que nadie tiene derecho a forzar tu voluntad como el mimbre.

LUCÍA: Como el mimbre, así es, como el mimbre hay que retorcerse y amarrarse, trenzarse y hacerse fuerte. Deme la carta y descanse, que no tiene que llevar el peso de este mensaje sobre su conciencia. (*Coge la carta y hace ademán de abrirla*). El que algo hizo, ya lo pagó. Esté tranquila. Le doy las gracias.

JAVIER: ¿Estás segura? ¿Quieres ir a mi habitación a leerla?

LUCÍA: (*Con dulzura, pero firmeza*). Prefiero quedarme aquí, que no haya más voces tras las puertas, lo que deba saberse pues que se sepa. Mi madre fue *mujer pública*, pública fue su vida en este pueblo y pública fue su muerte. No vamos a esconder lo que estuvo en boca

de todos, ahora es tiempo de leer en voz alta
y que las palabras arrastren el silencio.

(*Luz cenital sobre Lucía, comienza
a leer*).

LUCÍA: *Querida Lucía: Tal vez he esperado dema-
siado para hacerte llegar esta carta y, en realidad, no sé si hago bien o mal en escribirte,
pero tengo un nido de luciérnagas en el pecho
que me empujan a contarte lo que sigue.*

(*Por la derecha, desde la oscuridad,
aparece el personaje de Juliana mirando hacia la nada y continúa con
el parlamento*).

JULIANA: En la soledad de estos años, los recuerdos se me representaban como en un cine
antiguo, una y otra vez, una y otra vez... la
sala siempre vacía y yo la única espectado-
ra. Las películas se sucedían en la pantalla,
como aquellas sesiones dobles que hacían
en el pueblo y a las que iban los niños para
resguardarse del frío. Parece mentira, pero
aquellas historias, aquellas vivencias, en su
mayoría... amargas, me acompañaban en
mi propio destierro. La vida de Amparo, de
Soledad, de Encarni... todo lo que me con-
taron, lo que vivimos, lo que sufrimos, lo
que aguantamos y lo que reímos. Y la vida
de tu madre, Silvana, tu madre, que de un
corazón tan puro no supimos más que hacer cenizas.

(*Lucía comienza a emocionarse y
continúa leyendo*).

LUCÍA: *Tu madre llegó a mi casa con la mirada perdida, con las manos aferradas a una maleta vieja y el vestido empapado y sucio. No pregunté y ella no habló. Así pasó varios días y ya fueron pocos los momentos de lucidez en los que pude ir hilando los retales de su pasado.*

JULIANA: Cantaba siempre la misma canción:

> *Silvana se paseaba*
> *por sus altos corredores*
> *su padre la estaba viendo*
> *recreándose en amores*
> *Silvana si tú quisieras*
> *ser de tu padre querida*
> *te vestiría de seda*
> *de plata te calzaría…*

Después le encontré todo el sentido. Había viajado con los militares desde Murcia hasta aquí, huyendo de los abusos de su padre... (*Mira a Lucía*). Puedes dejar de leer si lo deseas.

LUCÍA: (*Compungida, pero con determinación*). No, no, quiero seguir.

JULIANA: El camino no fue fácil, para una mujer sola nunca lo es. Un camión a rebosar de jóvenes militares y una muchacha con una maleta desvencijada que sonríe y agacha la cabeza y aprieta el asa de su equipaje.

> (*Por el lado derecho, aparece Silvana, mirando al público. Una Silvana en camisón blanco, limpia, peinada con una corona de flores pequeñas, descalza, en toda*

su cordura. Habla pausadamente, sin dejar de mirar al frente, con la rotundidad de quien comparte su certeza).

SILVANA: Pronto llegaron las insinuaciones, y la pregunta con la que todos se reían a carcajadas: *¿quieres ser mi novia?* y se daban codazos mientras fumaban. Quería hacerme pequeña, meterme en mi maleta, desaparecer y comenzar el día en un lugar nuevo, donde ser mujer no costara tanto, donde ser Silvana no fuera un peligro. El camión paró en mitad de la nada, el frente de la batalla se había adelantado y era el último punto seguro antes de cruzar las líneas enemigas. Bajamos del camión y me quedé mirando como tonta alrededor, con mis manos pegadas a la maleta. *Silvana, ¿dónde vas ahora? Silvana, ¿si te viera tu madre?,* la voz de mi padre salía de las bocas de todos los soldados, sus caras se diluían y el sonido de las palabras se ralentizaba. Yo estaba en mitad de aquel corro, como una brizna de hierba en el ojo de un remolino de viento. No sé muy bien qué pasó después, veía rostros y lenguas, sentía frío, cerré los ojos y, en algún momento, me desmayé. Desperté en el puesto de socorro de la Cruz Roja, con mi cuerpo desgarrado y con la culpa golpeándome con fuerza el pecho. *(Se da golpes).*

(Habla más rápido). Silvana, la culpa, mira lo que has hecho, te lo mereces, eres mala, mujer mala, castigo divino. Si te viera tu madre, vergüenza le daría.

Silvana baja sus alas
muy triste y descolorida

¿Qué has hecho? No lo sé, ¿qué he hecho?

JULIANA: Una de las enfermeras voluntarias se le acercó y le dijo que en la tienda de campaña contigua había comida y algo de ropa limpia para cambiarse. Se levantó haciendo una fuerza sobrehumana, apretando fuerte los muslos para contener el dolor, el grito, la vergüenza... además eso, la vergüenza y la culpa.

SILVANA: Estaba muerta de miedo, un rayo, dos rayos, tres rayos, cuatro rayos...una tormenta había atravesado mi cuerpo. Y seguía sola en mitad de la tempestad, sola.

JULIANA: Se lavó, cogió la maleta, el primer vestido que encontró y se subió en un camión con milicianas que iban de camino al norte. Ya no tenía nada que perder, el cuerpo busca sobrevivir, pero Silvana ya había muerto. (*Pausa*).

(*Todos miran hacia Silvana, se apaga la luz que la iluminaba*).

Así llegó tu madre a mi casa (*Llorando y con rabia*). Un animalillo acurrucado en mitad de la intemperie, un cuerpo de amapola arrasado por la furia de un huracán, ¡malditos todos!

LUCÍA: *Pasaron varias semanas hasta que logré que me dijera su nombre. De vez en cuando, afloraba en ella algo de cordura, como un mineral valioso en mitad del monte.*

JULIANA: No sabría decirte cómo era tu madre antes de que las fauces de los hombres devorasen su inocencia; pero, te hayan contado lo que te hayan contado, tu madre solo vivió por ti.

LUCÍA: (*Llorando y con emoción*). *Ella era frágil, como el último rayo de sol del atardecer, siempre a punto de desvanecerse. Tú eras su fortaleza y la locura una coraza frente a un sufrimiento mayor.*

JULIANA: En otra realidad, ella te cogía de la mano y huíais trepando por la higuera, nadabais en el rumor del riachuelo, escalabais la peña ocre y negra, corríais entre almendros y olivos, bailabais con el repique de las campanas en la plaza vieja. En otra realidad que no doliera tanto.

LUCÍA: *El resto de la historia ya la conoces. Una muchedumbre salvaje, armada de ignorancia, crueldad y desesperación que la arrastró al fondo del barranco.*

JULIANA: La muerte de tu madre no les sirvió para nada. ¿Cuándo un sacrificio contentó a los dioses?

LUCÍA: *Y tu madre, tu pobre madre, de aquel cuerpo tan blanco solo supimos hacer ceniza.*

JULIANA: Lucía, no vengas a verme, espero la muerte en paz y cuanto tenía que decirte está en esta carta.

LUCÍA: *Guarda un recuerdo cariñoso de quien te escribe, pues mi intención solo ha sido compartir contigo lo que sé y hacer un poco de justicia* a la memoria de tu madre. Cuéntalo, léelo en voz alta, que todo el mundo se entere, solo así podrás salvar su dignidad, salvarla de ser solo ceniza debajo de la higuera.

(*Lucía mira a las personas que están a su alrededor, va a la boca del escenario, se quita el pasador de flores que lleva en el pelo. Lentamente, se acerca a la higuera, acaricia su tronco y deja con suavidad el adorno, como una ofrenda, a los pies de la planta*).

TELÓN

Matilde y Pilar doblando ropa.

Lectura de la carta.

Dossier de imágenes[8]

[8] En este dossier se muestran algunas fotografías, realizadas por la autora de la obra, del Reglamento de Higiene Especial para el Régimen de las Mujeres Mundanas y las Cartillas Sanitarias de las prostitutas de la ciudad de Albacete, conservados en el Archivo Provincial de esa ciudad, mencionadas en *Silvana*.

REGLAMENTO

DE

Higiene Especial

para el régimen de las

MUJERES MUNDANAS

residentes

EN LA CIUDAD DE ALBACETE

ALBACETE.

REGLAMENTO

para el régimen de las

MUJERES MUNDANAS.

De las casas de prostitución.

Artículo 1.º Se entiende por casas de prostitución, para los efectos de este Reglamento, todas aquellas en que tenga su residencia oficial una ó más prostitutas.

Art. 2.º Al frente de cada casa habrá una mujer con el carácter de ama, jefe de la misma, y responsable ante la Autoridad del órden y cumplimiento exacto de las prescripciones de este Reglamento.

Art. 3.ª Las casas de prostitución serán de 1.ª, 2.ª y 3.ª clase.

Art. 4.º No se permitirán casas de prostitución contiguas á los templos, establecimientos de enseñanza, oficinas del Estado y cuarteles.

Art. 5.º En ninguna casa podrán residir más pupilas que las que permitan las condiciones higiénicas del local.

— 6 —

Art. 6.° Es obligación de las amas de casa:

1.ª Cumplir y hacer cumplir con todos los deberes que este Reglamento impone á las mujeres públicas.

2.ª Llevar un libro-cartilla, en el que se anotará su nombre, el de sus pupilas, los de las prostitutas que sin ser pupilas frecuentan su casa, y cuantas mujeres menores de 45 años residan en ella como sirvientas, etc. en cuyo libro se anotarán los reconocimientos facultativos de las mismas.

3.ª Ser depositaria de las cartillas de sus huéspedas y demás mujeres comprendidas en la obligación anterior, para presentarlas al Médico-higienista en el acto del reconocimiento, lo mismo que á las personas que lo exigieren con el objeto de conocer el estado de su salud.

4.ª Cuidar de que no se cometan actos deshonestos en los balcones ó ventanas, ni se haga á los transeuntes, y ménos se dirijan provocaciones obscenas de obra ó de palabra con escándalo público.

5.ª No permitir la entrada en su casa, en concepto de pupila, á ninguna prostituta, sin autorización de esta Alcaldía.

6.ª Cuidar de que en la casa haya todos los objetos necesarios para la comodidad y aseo de las pupilas y personas que la fre-

— 7 —

cuenten, con arreglo á la categoría de cada casa, según las instrucciones que se le comuniquen por esta Alcaldía.

7.ª Hacer efectivos los pagos que correspondan á las pupilas y demás mujeres reconocidas en su casa.

Art. 7.° Queda terminantemente prohibida la entrada en estas casas á las mujeres que no tengan cartilla de sanidad, y así mismo á los jóvenes de poca edad de ambos sexos.

Art. 8.° Las amas no podrán admitir en sus casas, en concepto de pupilas, ni despedir á las admitidas, sino con prévio conocimiento y autorización de la Alcaldía.

Art. 9.° Ninguna ama podrá tener mas que una casa, y ésta con sólo el número de pupilas que se fije, según las condiciones higiénicas de cada local.

De las prostitutas.

Art. 10. Se consideran prostitutas para los efectos de este Reglamento, á las mujeres que se suscriban como tales en el registro de esta Alcaldía y á las que sin estarlo se dedican á la prostitución, burlando la vigilancia de los funcionarios de este servicio.

Art. 11. Las mujeres residentes en esta capital menores de 45 años que sean sospe-

— 8 —

chosas á la vigilancia y no tengan un modo de vivir conocido, ó carezcan de la documentación necesaria para justificar su buena conducta y la razón de su residencia en la población, optarán en el término de 24 horas por tras de la Alcaldía, inscribiéndose en los registros ó ser conducidas al pueblo de su naturaleza.

Art. 12. Toda prostituta, necesariamente, ha de ser ama de casa, inscribiéndose en los registros con cual, ó la de vivir bien la vigilancia de otra ama competentemente autorizada.

Art. 13. Al inscribirse las prostitutas en el registro de la sección de higiene especial se les facilitará una cartilla, los actos bien precisos de la misma.

Art. 14. En estas cartillas el Médico-higienista anotará el estado de salud de la prostituta á que corresponde, las veces á la semana, en los días que en la misma cartilla se expresarán.

Art. 15. Toda prostituta que quiera cambiar de domicilio está en la obligación de ponerlo en conocimiento de la Alcaldía, para que haga en las cartillas las debidas anotaciones.

Art. 16. La prostituta dada de baja por enferma, será conducida al Hospital por un agente municipal, á quien el Director del Es-

— 9 —

tablecimiento dará un recibo para hacer las anotaciones correspondientes en las oficinas de esta Alcaldía.

Del Médico-Higienista.

Art. 17. Para el servicio de la higiene que previene este Reglamento habrá los Facultativos que se consideren necesarios, á juicio de la Autoridad local.

Art. 18. Su nombramiento y separación corresponde á la misma Autoridad, sin más limitación que la de hacer recaer el nombramiento en Facultativos que tengan mas de 30 años.

Art. 19. Tendrá obligación de reconocer todas las prostitutas dos veces cada semana, en los días que se fije por la Autoridad, practicando un reconocimiento con cuidado dos veces en la semana. El resultado de cada reconocimiento lo anotará precisamente en la cartilla de la interesada.

Art. 20. Pasará nota á la oficina de esta Alcaldía de las faltas que observe en las casas de prostitución, no sólo del aseo y ventilación, sino de los muebles y enseres que considere indispensables, con arreglo á la clase de cada una.

Art. 21. Además de los reconocimientos semanales, podrá girar cuantas visitas considere necesarias, sin perjuicio de la obligación

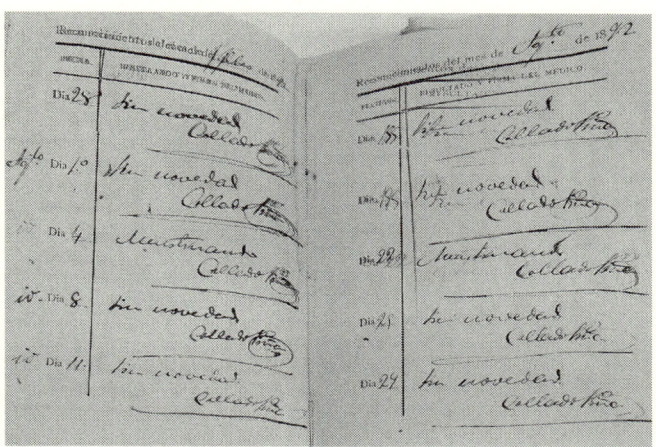

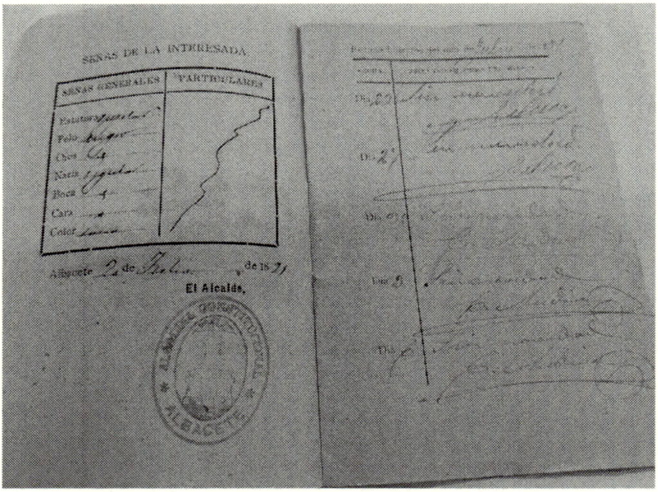

SEÑAS DE LA INTERESADA

SEÑAS GENERALES	PARTICULARES
Estatura	
Pelo	
Ojos	
Nariz	
Boca	
Cara	
Color	

Albacete 2 de .... de 18

El Alcalde,

ALBACETE

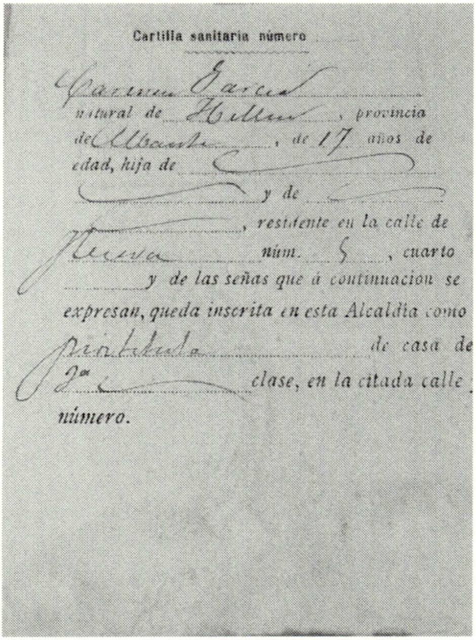

Cartilla sanitaria número

Carmen García

natural de Hellín, provincia de Albacete, de 17 años de edad, hija de .... y de ...., residente en la calle de Nueva núm. 5, cuarto .... y de las señas que á continuacion se expresan, queda inscrita en esta Alcaldía como .... de casa de 2ª clase, en la citada calle número.

ROMANCE DE SILVANA[1]

Silvana se paseaba
por una sala florida
y su padre la miraba
por un mirador que había.
— Silvana, si tú quisieras
ser de tu padre querida
te vestiría de sedas,
de plata te calzaría.
La camisa que llevaras
sería de perlas finas —
— Y las penas del infierno,
padre, quién las pasaría —.
— También hay un solo Dios
que a los dos perdonaría-.
— También hay un solo Padre en Roma
que a los dos castigaría —.
Silvana baja la escalera
y su madre las subía.
— Madre, si es usted mi madre,
preciso que se lo diga:
el pícaro de mi padre
días que me perseguía —.
— Silvana, si tú quisieras
ya todo se arreglaría,
cambiaríamos nuestras ropas,

el día de Pascua Florida —.
Silvana se quita la ropa,
su madre se la ponía
y entró a la sala del Rey
hablando con cortesía:
— Buenos días tenga padre —.
— Muy buenos los tengas hija,
gracias a Dios que ha venido
la princesa más querida-.
— No soy princesita, no,
que soy tres veces parida:
primero nació don Juan,
segunda doña María
y después nació Silvana
la que quieres por querida —.
Al oír estas palabras
al suelo cayó enseguida,
le echan agua por el rostro
por ver si se estremecía.
Y cuando se despertó
estas tres palabras dijo:
— Tú has de ser la heredera
de los bienes de mi vida.
Porque has sabido guardar,
tu honra y después la mía —.

cucha este romance en la voz de África López Brotons, testimonio recogido en Montealegre
del Castillo por Mercedes Lozano López para el CD Tradición y Cultura nº 13.
adición oral de Montealegre del Castillo, 2005; publicado por el Área de Educación, Cultura,
Juventud y Deportes de la Diputación de Albacete (coordinador José García Lanciano).

---

[1] Las relaciones incestuosas son materia de amplio trato en el romancero tradicional. En Silvana
centran la relación entre padre-hija. La madre toma parte activa en el desenlace y evita la trágica
relación suplantando a su hija en el lecho.
Según Menéndez Pidal el poeta neo-hebreo Israel Nagara, ya cita los versos "paseábase Silvana"
en su *Semirot Israel* (los cantos de Israel) en 1587.

Silvana
de
Mercedes Lozano López
se terminó de imprimir el 12 de enero de 2026.
A 50 años del fallecimiento de
Agatha Christie
quien escribió:

Los viejos pecados tienen largas sombras.

***

Esta 3ª edición consta de una tirada de 300 ejemplares

Chamán ante el fuego (Poesía)

Chamanes en trance (Didáctica)

www.chamanediciones.es